Marc Augé

Pour quoi vivons-nous ?

fayard

Prologue

Pour quoi vivons-vous ?

Il faut beaucoup d'audace ou de naïveté pour poser cette question. Encore plus d'audace pour essayer d'y répondre, par exemple en parlant du bonheur, de ce qu'on entend soi-même par bonheur ou de ce que l'on imagine être, pour les autres, le bonheur. N'est-ce pas la morale des contes que l'histoire s'achève quand le bonheur commence ? Quand le prince épouse la bergère, le temps s'accélère et les mots manquent : « Ils vécurent heureux et eurent beaucoup d'enfants. »

S'il n'y a rien à dire, ou à raconter, du bonheur, et si nous avons, en effet, beaucoup de mal à définir ce qu'il est, la littérature est plus riche et nous sommes plus prolixes quand il s'agit d'évoquer ce qui l'interdit ou le menace : le malheur sous ses diverses formes, la maladie, la pauvreté, la solitude, la mort. La définition minimale du bonheur, c'est l'absence de malheur, la trêve, la pause.

Dans le monde d'aujourd'hui, l'écart se creuse chaque jour entre les plus riches et les plus pauvres. C'est dire que les hommes sont chaque jour plus inégaux devant la maladie, la pauvreté et la mort, sans doute aussi devant la solitude, car les plus pauvres des pauvres sont tentés de chercher le salut dans la fuite, le déracinement, l'envol souvent solitaire vers les lumières brûlantes et meurtrières des mondes développés. Bien entendu, nous ne saurions dire pour autant que tous les plus ou moins riches sont heureux et tous les plus ou moins pauvres malheureux : il y a aussi quelque chose de personnel dans l'aptitude au bonheur ou au malheur qui échappe à ce déterminisme. N'empêche : quand la misère est trop grande, la question du bonheur peut apparaître comme un luxe. Cela ne la rend pas illégitime, bien au contraire, mais la situe à sa vraie place : celle d'un privilège ou d'une espérance.

Intéressons-nous donc un instant à l'image du bonheur que propose ou tend à imposer la société aux individus qui ont la chance de vivre dans la partie la plus développée du monde. Cette société est dite « de consommation ». Cette expression elle-même a deux implications. Elle suggère que l'idéal social, c'est la consommation pour tous, de tous, mais aussi que tout doit être consommé, et donc, au préalable, produit : non seulement la nourriture et tous les biens de subsistance immédiate, mais aussi l'information, les loisirs, la culture, le savoir, élevés de ce fait à la dignité de « produits de consommation ».

Ces produits qu'on peut ou qu'il faut consommer ne sont pas simplement l'expression d'une définition minimale et négative du bonheur (ne pas avoir faim, ne pas être malade), même si, incontestablement, dans les parties les plus développées du monde, les soins se sont améliorés, la longévité s'est accrue et la protection sociale renforcée : le développement s'accompagne aussi de représentations plus normatives de l'individu et de ce qui devrait lui permettre de s'épanouir.

Ainsi l'individu est libre de consommer ce qu'il veut, mais d'une part son choix se limite à la gamme des produits apparemment divers qu'on lui propose – *apparemment* divers car souvent leur diversité ne tient qu'à leurs images de marque respectives –, d'autre part il n'est pas vraiment libre de ne pas consommer : la publicité, les diverses formes de crédit, la fragilité et le renouvellement rapide des produits eux-mêmes le contraignent à exercer sa liberté de choix. Beaucoup d'entre eux, en outre, prétendent transformer, améliorer la nature physique, intellectuelle et psychique de l'individu : non seulement toutes les substances susceptibles de lutter contre le vieillissement, la fatigue ou la prise de poids, mais, plus largement, toutes les prothèses technologiques qui lui permettent de communiquer à distance et d'avoir vingt-quatre heures sur vingt-quatre le monde (une image ou un écho du monde) sous les yeux et dans les oreilles. Bref, l'individu n'est pas libre de ne pas être ce que l'époque veut qu'il soit. Et elle veut qu'il soit heureux. Qu'il consomme et soit heureux. Elle propose du même coup une définition du malheur ou de l'insatisfaction : ne pas consommer. Le moral de la nation (et des entreprises) se mesure aux fluctuations de l'indice de consommation des ménages. Celui qui consomme exprime sa confiance dans l'avenir, son espoir de pouvoir continuer à consommer. Est-il heureux pour autant ? Nous voilà renvoyés aux difficiles problèmes de définition par lesquels je commençais. Pour échapper à ce cercle vicieux, je proposerai un constat et une méthode. Un constat banal et une méthode, disons, poétique.

Le constat. Sans nous risquer à donner une définition du bonheur, en partant de quelques simples observations (sans négliger éventuellement le témoignage de quelques écrivains qui se sont lancés à la chasse au bonheur), nous pouvons avancer que l'idée du bonheur renvoie à deux types d'expériences du temps, pour le dire vite : la durée et l'instant. La morale des contes (ils vécurent heureux et eurent beaucoup d'enfants) s'inscrit dans la durée, mais elle n'en dit rien. Le bonheur des gens heureux, vu de l'extérieur, est fait de modestie, de tolérance, de bonne volonté. Il n'est jamais qu'une hypothèse, même à leurs propres yeux. Ils n'en ont jamais vraiment conscience. Le silence du bonheur, comme celui des organes, est un signe de santé, même s'il arrive que le malheur, comme la maladie, chemine à bas bruit. Ce n'est qu'à distance, parfois, toujours trop tard, que nous prenons conscience du bonheur évanoui. Quand il s'agit d'instants de bonheur, en revanche, de moments privilégiés et éphémères, les écrivains, romanciers ou poètes, sont plus bavards, et à nous aussi il arrive de raconter les bons moments que nous avons passés en telle ou telle occasion.

Durable ou éphémère, le bonheur se conjugue, mais sa conjugaison est subtile : le raconter, c'est le conjuguer au passé, mais le récit lui-même peut constituer un moment de bonheur au présent. Le récit d'un voyage, par exemple, peut susciter autant de plaisir que le voyage lui-même. Nous avons tous eu quelques amis un peu insupportables qui nous imposaient, à leur retour, avec le récit de leur séjour, le spectacle de leurs films ou de leurs photographies. Chez les plus subtils, peut-être aussi les plus pervers, cette rétrospective peut prendre la forme d'un projet, d'un futur antérieur. Flaubert, avant de faire son voyage en Orient, écrivait à sa mère en évoquant par avance les heureux moments qu'ils passeraient ensemble à son retour, quand il lui raconterait ses aventures.

Pour essayer d'être heureux, il faut avoir conscience du temps ou jouer avec le temps, même quand on prétend l'arrêter et ne vivre que le présent (« Ô temps suspends ton vol ! »). Et ce rapport au temps, cette conjugaison à tous les temps, suppose aussi un rapport aux autres, à l'autre, une conjugaison où se déclinent toutes les personnes du singulier et du pluriel. La conscience heureuse de soi passe par un double préalable : la relation au temps et la relation aux autres.

Voilà pour le constat. La méthode maintenant.

Je voudrais essayer de résumer ici les traits les plus marquants de la « cosmo-technologie » qui nous entoure et essayer de voir ce qu'elle nous apporte : en quoi enrichit-elle ou infléchit-elle notre relation au temps et aux autres ? En quoi aide-t-elle à la prise de conscience heureuse de soi ?

Pour rendre les choses moins ennuyeuses, je vais essayer de créer un personnage – un personnage qui me ressemble, qui nous ressemble, qui n'est ni moi ni aucun de vous mais qui nous ressemble parce que nous allons en faire la caricature de ce que nous sommes tous un peu : un être aliéné à toutes les modes du jour, un accro, un technodépendant, un téléspectateur impénitent qui ne rate jamais le vingt heures, aime le sport spectacle, suit les jeux, les séries et s'est découvert une âme de psychologue en regardant *Loft Story* – bref, notre plus bas dénominateur commun. S'il fallait lui donner un nom, nous pourrions l'appeler Sisyphe parce que sa vie recommence chaque matin, toujours pareille ou presque, un peu plus pesante peut-être avec le temps, et parce que, comme disait Camus, il faut imaginer Sisyphe heureux. Mais appelons-le plutôt Dupont. C'est moins prétentieux et c'est un pseudonyme reconnu, admis, presque significatif à lui tout seul : il y a du Dupont en chacun de nous et nous pourrons évoquer ses travers ou ses ridicules sans condescendance, sans le prendre de haut, avec même le sentiment, malgré tout, d'une sorte de fraternité.

Un préalable encore avant de laisser Dupont entrer en scène. Qu'est-ce que j'entends par cosmo-technologie ? Tous les groupes humains ont des cosmologies, des représentations de l'univers, du monde et de la société qui fournissent à leurs membres des repères pour connaître leur place, savoir ce qui leur est possible et impossible, autorisé et interdit. Ces repères peuvent s'inscrire matériellement dans l'espace (par exemple sous forme de statues, de sanctuaires ou de lieux naturels remarquables), se graver sur les ustensiles et les instruments de la vie quotidienne, éventuellement en pleine chair, par exemple sous forme de scarifications. Les mythes développent ces cosmologies et les rites les mettent en œuvre : les vies individuelles s'ordonnent en principe sur le modèle ainsi dessiné. Plus l'adhésion à ces modèles est forte, moins il y a de liberté, mais plus il y a de sens ; les individus n'ont guère le choix de faire autre chose que ce qui leur est prescrit ou accordé ; ils savent ce qu'ils ont à faire et encore mieux ce qu'ils ne doivent pas faire. Leur monde est sans liberté, mais gorgé de sens. Depuis le XVIIIe siècle, nous échappons à ce monde-là. Les religions ont encore beaucoup de poids, mais même ceux qui s'en réclament ont de plus en plus tendance à les interpréter personnellement. Ils leur donnent du sens (leur sens) pour s'octroyer de la liberté, ils les privatisent en somme. Les religions sont donc de moins en moins des cosmologies englobantes et partagées (nous en restons, je le rappelle, à l'exemple des pays occidentaux). La science, quant à elle, nous confronte avec l'inconnu ; ses progrès en déplacent la frontière ; la science est la dernière aventure ; elle n'est pas rassurante, elle nous réaffronte sans cesse à l'évidence de nos limites, aux mystères combinés de l'infiniment grand et de l'infiniment petit. Les applications de la science, les technologies, en revanche, sans doute parce que leur mise au point dépend de programmes et de choix politiques ou économiques, entendent faciliter la gestion de la vie quotidienne, nous entourer d'évidences faciles et d'artefacts fonctionnant comme une seconde nature : la cosmologie technologique, la « cosmo-technologie », à l'inverse des cosmologies traditionnelles, est induite par les instruments encore plus qu'elle ne s'y traduit dans la mesure où les messages qu'ils transmettent et les images qu'ils diffusent ne cessent de la renforcer. La ronde des satellites, la réflexion des images d'un bout à l'autre du globe via les satellites fixes ont, de ce point de vue, valeur de symbole : de l'espace périplanétaire à nos petits écrans privés, il n'y a qu'un pas vite franchi, mais franchi par des images.

Les cosmologies sont rassurantes. Elles nous réassurent dans la vie. Pour ce faire, elles essaient d'annihiler l'événement. Bien sûr, elles ne peuvent pas faire qu'il n'y ait pas de temps en temps des morts, des épidémies, des sécheresses, des guerres. Mais dans ce cas elles fournissent les moyens de l'interprétation qui ramènera ces accidents à l'ordre commun : si la mort est due à un sorcier, il faut l'identifier et rétablir les relations familiales, si la sécheresse est due à un adultère, même chose : il faut trouver les coupables, moins pour les punir (encore qu'on s'y entende aussi, à l'occasion) que pour rétablir l'ordre rompu. De nos jours, l'événement (celui qui pourrait empêcher la vie individuelle ou collective de tourner rond) est de la même manière traqué. On le conjure, on s'assure, on fait jouer le principe de précaution et, s'il se produit quand même, on le livre à notre connaissance clefs en main, c'est-à-dire avec toutes les clefs de lecture qui permettent de le comprendre et d'en multiplier les responsables – là encore moins pour punir, même si les procès sont de plus en plus spectaculaires, que pour dérouler toute la chaîne des causes qui en expliquent l'apparition et montrer du même coup qu'il est maîtrisé, qu'il ne se reproduira pas, en tout cas pas dans les mêmes conditions.

Dupont vit donc dans un monde à peu près sûr – au moins dans cette région du monde où jusqu'au 11 septembre on pouvait regarder les catastrophes périphériques avec un mélange complexe de compassion et de soulagement, et où le malheur collectif, lorsqu'il surgit, est considéré non seulement comme un malheur, mais comme un scandale.

Dupont a, mettons, environ quarante-cinq ans. Il avait douze, treize ans en 68 et, contrairement à ses parents, n'en conserve pas de souvenir particulier. Il a vécu sa vie d'adulte majoritairement sous des gouvernements de gauche et comprend mal la passion que ses parents, tous deux vivants et bien-portants, mettent encore dans les joutes électorales lorsqu'en arrive l'échéance. Il vote à gauche, quand il vote, mais plutôt en fonction des qualités de gestionnaire qu'il reconnaît à ses responsables. S'il vote un jour à droite, ce sera pour les mêmes raisons, sans avoir le sentiment de trahir qui que ce soit. Imaginons-le marié, père d'un enfant, responsable d'une agence bancaire dans la banlieue parisienne. Sa femme travaille dans la même banque que lui, mais dans une autre agence, à Paris. Elle adore voyager, lui est un fanatique de sport, je veux dire : de la retransmission sportive. Ces deux passions, qu'ils s'appliquent à concilier, sont partagées par leur fils. Pas de problème interne. Ils sont heureux et sans histoire. Accompagnons-les donc un moment dans l'exploration qu'ils font de ces deux mondes essentiels à la définition du bonheur contemporain : la télé, qui ordonne le temps, et le voyage, qui révèle l'espace.

Dupont a un emploi régulier et il est lui-même très exact : rarement en avance, jamais en retard, attentif à son compte courant, qu'allègent chaque mois des prélèvements automatiques qui remboursent progressivement ses deux crédits (celui de la voiture et celui du pavillon dans le garage duquel il la rentre chaque soir vers 19 heures), il surveille méthodiquement ce qu'il appelle, usant d'une métaphore marquée par son expérience de conducteur, son tableau de bord. Très logiquement, il est obsédé par son emploi du temps quotidien, du temps hebdomadaire et du temps annuel, par ses plans d'investissement (il a une poignée de sicav) et l'amortissement de ses emprunts.

Pour le reste, il a des petits bonheurs réguliers : boire un verre en regardant le 20 heures, le Maigret du vendredi soir et, en saison, le foot, le rugby, le Tour de France, les grands prix automobiles et le tennis à la télé. Plus irrégulièrement Pivot, Dechavanne, Durand ou Delarue, pour la culture. Ces goûts ne l'empêchent pas de maugréer contre la télé. Comme tout bon pratiquant, il se montre à l'occasion anticlérical, critique volontiers la vacuité des programmes, déplore que les bons films soient diffusés si tard (il s'agace quand même lorsque ses parents semblent regretter l'époque où il n'y avait qu'une chaîne et par là même la possibilité, trop peu exploitée à leurs yeux, de cultiver de force le public). Il sait bien, mais ne l'avoue pas, qu'il joue parfois au bon époux ou au bon père pour affecter de regarder malgré lui les émissions qu'il faisait d'abord semblant de mépriser. C'est ainsi qu'il y a quelques mois, après s'être laissé imposer par son fils le spectacle de *Loft Story*, il s'est appliqué durant quelques soirées à lui expliquer les cruautés et les subtilités raciniennes de ce huis-clos. Son fils ne l'a guère écouté et lui-même, d'ailleurs, ne croyait pas trop à ce qu'il disait. Mais le fait d'avoir, selon son expression, « élevé le débat » lui a inspiré une certaine satisfaction.

Ce qu'il aime finalement, dans la télé, c'est qu'elle ordonne son temps, programme des échéances quotidiennes, hebdomadaires et annuelles (les fameuses « saisons » sportives). L'historien Jacques Le Goff a montré comment au Moyen Âge le clergé avait, grâce aux cloches et aux sonneries diverses qui ponctuaient la journée, marqué de son empreinte la vie quotidienne de chacun. Les indicatifs de la radio et de la télé jouent aujourd'hui un peu le même rôle : on les entend, on les attend, leur temps est le nôtre.

« Il faut savoir vivre avec son temps » est d'ailleurs une autre expression favorite de Dupont. Il n'apprécie ni les archaïques, ni ceux qui ne s'intéressent plus à rien au motif que tout fout le camp et qu'il n'y a plus ni débat politique, ni grands enjeux de société, ni syndicats, ni école, ni culture. C'est l'un de ses thèmes de discussion avec ses parents, auxquels il fait remarquer que, si eux ont peut-être l'âge d'être blasés, lui non, pas encore, et qu'il doit bien, en outre, offrir à son fils (son fils alibi !) une image moins déprimante de l'existence. Comment lui donner tout à fait tort ? Toujours est-il que, joignant le geste à la parole, Dupont s'est équipé très tôt d'un ordinateur et d'un téléphone portable. Il a été vite dépossédé du premier par son fils, surfer émérite qui lui coûte cher. Et, n'ayant pas trop l'usage du second, a convaincu sa femme d'en acquérir un autre pour qu'ils puissent se joindre en cas de besoin. Le besoin s'est créé de lui-même. Les Dupont se tiennent au courant de leurs différentes évolutions dans l'espace de Paris et de sa banlieue (« Bonjour, c'est moi, je rentre dans dix minutes », « Veux-tu que je passe chez le boulanger ? », « Ça y est, je suis dans Paris, il pleut »). Leur vie progressivement s'est ainsi remplie de sous-titres : ils commentent le quotidien à voix off.

Le fils Dupont reçoit beaucoup de mails car ses différentes curiosités (les jeux de toutes sortes, quelques groupes musicaux et une collection de timbres – un archaïsme, pour le coup, mais dont il n'est pas peu fier) lui valent un nombre croissant de correspondants. Dupont, impressionné, un peu effrayé, est au total flatté que son fils appartienne à des réseaux planétaires qui ne cessent de lui faire signe. « Tu as plus d'amis que moi », le plaisante-t-il parfois en faisant mine d'être jaloux. « Oh, tu sais, je ne les connais pas vraiment », répond le fiston, qui a gardé la tête sur les épaules. Il ne lit guère les journaux, mais échappe aux excès que la presse a analysés récemment, en évoquant notamment le cas de ces jeunes Japonais qui poussent jusqu'à l'isolement absolu la fuite dans les médias. Les *Otaku* (on leur a donné un nom bien à eux), les *Otaku*, donc, sont dépolitisés, peu informés de l'histoire du Japon, hostiles à la bombe atomique – évidemment – et ils restent enfermés dans leur chambre entre télés et ordinateurs, sur fond de musique incessante. Le fils Dupont ne sait pas non plus qu'un très savant rapport américain a fait état du « sentiment de solitude » que ressentaient majoritairement les internautes, mais il s'en préserve d'instinct parce qu'il ne travaille pas trop mal, est un peu amoureux, aime bien ses copains et ne déteste pas ses parents. Il n'a pas besoin, en somme, des experts en sciences humaines.

Dupont est donc branché. Il est même câblé, ce qui lui permet, bien qu'il n'entende pas les langues étrangères, de zapper d'un pays à l'autre chaque soir pendant cinq à dix minutes avant d'aller se coucher. Il a ainsi le sentiment, dont il ne sous-estime pas complètement le caractère métaphorique, de rester en contact avec la terre entière et d'entretenir avec Clinton, Bush, Arafat, Sharon ou Poutine des rapports aussi familiers qu'avec Chirac, Jospin, Drucker ou Poivre d'Arvor. Dans l'Olympe médiatique, tous les dieux semblent se côtoyer, comme si, une fois un certain degré de richesse, de réussite ou de notoriété atteint, en quelque domaine que ce soit, l'accès au monde sans solitude, à un monde de complicité et d'interconnaissance réciproque allait de soi. Bien sûr, Dupont n'est pas dupe. Il sait bien que lorsque des personnalités politiques se serrent la main à l'écran, lorsque des artistes de variétés échangent des sourires, ils n'en pensent pas moins. Il suppose que tous ceux qui ont l'air de se connaître ne se connaissent pas vraiment, se reconnaissent plutôt, un peu comme lui, Dupont, reconnaît les présentateurs du journal télévisé ou de la météo, les politiques ou les sportifs, sans pour autant les connaître. Mais qui le reconnaît, lui ? Pour être reconnu, il faut être dans l'écran. À preuve, par exemple, le Président de la République : on le reconnaît, forcément ; mais lui aussi, quand il serre la main, a bien l'air de reconnaître tout le monde et chacun. Même chose dans les jeux de la télé ou les entretiens sur des sujets de société du genre « Mariage et liberté sexuelle », « Vivre sans connaître ses parents », « Transsexualité et vie de famille ». Tout se discute, en effet, mais sitôt la conversation entamée, l'animateur et ses invités s'appellent par leur prénom comme s'ils se connaissaient depuis toujours – ce qui est un peu vrai des invités : ils voient et écoutent l'animateur depuis longtemps et lui, le sachant, répond à la familiarité qu'ils lui imposent et à la reconnaissance qu'ils lui témoignent.

Dupont, qui n'est pas dépourvu d'esprit critique, n'est donc qu'à moitié convaincu par les sourires que lui adressent depuis l'écran présentateurs et vedettes en tous genres. Il doute de leur réalité, mais il sait aussi que l'on ne peut pas traiter à la légère les images de l'actualité. Lors de l'accident de Lady Di, il a été surpris par la réaction de sa femme. D'abord elle lui a raconté par le détail tous les épisodes de la vie passablement mouvementée de la princesse durant les dix dernières années. Il s'est ainsi rendu compte qu'elle avait de la Cour d'Angleterre et de la famille royale une connaissance qu'il ne soupçonnait pas. Puis il s'est un peu inquiété de la voir faire sienne cette histoire de famille. Dupont est fils unique et il sait bien que le petit monde qu'ont tissé ensemble ses parents et lui durant plus d'un quart de siècle indispose souvent sa femme. Ses parents ont beau se dire progressistes, ils ont parfois tendance à ne voir dans leur belle-fille que la moitié de leur fils. Et Dupont a compris tout d'un coup que sa femme s'identifiait bel et bien aux revendications de la princesse de Galles vis-à-vis de la famille royale : elle aussi voulait exister seule, par elle-même. Pendant les funérailles, au moment où le *God*

Save the Queen a retenti sous les voûtes de Westminster, Dupont a capitulé, demandé pardon à sa femme de son machisme inconscient. Il l'a priée de choisir elle-même la destination de leurs prochaines vacances et ils se sont réconciliés, sans s'être vraiment disputés, en écoutant avec Pavarotti et tous les grands de ce monde Elton John chanter et Tony Blair prêcher.

Pendant quelques jours ils ont vécu heureux, comme dans le conte, même s'ils n'ont pas eu d'enfants. Dupont est donc prêt à admettre que la télévision est la meilleure des choses à condition d'en sortir. C'est un peu ce qu'il avait éprouvé aussi lors de la Coupe du Monde de football où, dès la demi-finale victorieuse, ils étaient descendus en famille sur les Champs-Élysées pour serrer des mains et échanger des sourires, comme si le petit écran ne suffisait plus à contenir un tel bonheur. Étrange instant : les commentateurs sportifs avaient beau s'égosiller, personne ne les écoutait plus (sauf, sans doute, les malades et les grands vieillards) ; la société était dans la rue, et les autres existaient.

Le monde de la télé et des fêtes qui lui sont associées joue donc pour les Dupont un rôle ambigu : il scande l'année et leur fait vivre parfois des instants intenses. Mais – et c'est sans doute là le secret de leur bonheur à bas bruit, puisque j'ai choisi d'en faire un couple heureux – il ne les rend heureux que parce qu'ils le sont déjà : il leur révèle de temps à autre le besoin qu'ils ont l'un de l'autre et leur goût de vivre ensemble les événements prétextes dont la télé est le déclencheur. On ne saurait dire qu'ils sont heureux à cause de la télé ou malgré elle : ils font avec et auraient sans doute du mal à faire sans. Elle se glisse dans leur relation, dans leur intimité. Mais ils lui échappent partiellement chaque jour, au travail, et chaque année, quand ils partent.

Le départ, le voyage, c'est l'affaire de madame Dupont, ou plutôt Durand-Dupont – son père, déciderons-nous, s'appelle Durand. Le voyage, pour elle, c'est une affaire de chaque jour, car des mois durant elle collectionne les informations, compare les prix, étudie les avantages respectifs des divers continents et des diverses formules. Parfois le voyage envisagé est trop cher, ils le reportent à l'année suivante et annoncent aux parents Durand, en Normandie, et aux parents Dupont, dans la Creuse, qu'ils ont choisi de consacrer leurs vacances d'été à la famille. Toujours est-il que la préparation du voyage, à laquelle ils associent leur fils qui y porte un intérêt inégal, est un de leurs plaisirs les plus solides : ils ne s'en lassent pas et s'y consacrent, l'automne revenu, avec une gourmandise intacte.

Les années où ils ne partent pas, ils font de petits déplacements, pour compenser. Ils ont ainsi passé, il y a peu, une journée à Disneyland et un week-end à Centerparcs, en Normandie. Dans les deux cas, ils n'en ont pas gardé un trop mauvais souvenir, mais n'ont pas été enthousiasmés, même si, ayant payé cher leur séjour, ils se sont appliqués à bien en profiter. À

Disney, Dupont, qui ne déteste pas la foire du Trône et n'a guère vu les films de Disney dans son enfance, a passé son temps à demander où étaient les attractions. Il avait apporté sa caméra, mais n'a pas réussi à comprendre pourquoi la plupart des visiteurs, l'œil collé à leur viseur, prenaient un tel plaisir à essayer de filmer tous les personnages de Disney qui semblaient s'être échappés de leurs dessins animés. – Ce ne sont jamais que des figurants, a-t-il fait remarquer à sa femme et à son fils qui n'ont pas su quoi répondre.

Un peu plus tard, il s'est encore étonné qu'on fasse tant de frais pour visiter la fausse rue d'un faux village et le faux navire à roue d'un Mississipi encore plus faux. Bref, il leur a gâché leur journée, même si elle ne s'est pas trop mal terminée avec la parade finale et le feu d'artifice.

Madame Durant-Dupont a eu sa revanche quelques semaines plus tard, lorsqu'ils sont allés à Centerparcs. Dupont, qui s'était documenté et avait lu tous les prospectus, leur avait vanté le charme du petit cottage douillet où ils se retrouveraient le soir, après avoir passé la journée sur la plage tropicale (sous bulle, température de 26° garantie toute l'année), sur les terrains de sport ou dans la forêt qui les enserrait de toutes parts. – C'est un miracle de fonctionnalité et de poésie, avait expliqué Dupont. On est chez soi, on peut même avoir des invités, on mène sa vie personnelle, on peut même faire ses courses et acheter sa baguette, et pourtant toutes les installations sont là : tu peux nager, faire du golf, du cheval, tout.

Apparemment, beaucoup aspiraient à cette fonctionnalité personnalisée, car les parkings étaient combles. Le passage de la frontière s'est bien passé (une vraie frontière avec des barrières et des écriteaux qui expliquaient en substance qu'on entrait dans un espace propre et sécurisé auquel il ne fallait pas porter atteinte. Tout était prévu à cet effet, même des toilettes pour chiens). Ils ont pris possession de leur cottage, et c'est à ce moment que madame Durand-Dupont a porté son attaque : « Tu parles d'un cottage : une cage à lapin au milieu de centaines d'autres. Une fausse cheminée pour y faire fumer des briquettes pleines de pétrole. Une flaque d'eau en guise de lac. Et une piscine chauffée comme plage tropicale ! Tu as vu les plantes en pot et les perroquets en cage ? C'est ça, les tropiques en Normandie ? » Dupont a pressenti le désastre et esquissé un compromis : « Nous pourrons aller nous promener dans la forêt. Elle est magnifique. » Mais madame Durand-Dupont connaissait la région ; elle en était même originaire et s'est montrée intraitable : « Nous aurions pu aussi nous promener dans la forêt, et même plus facilement, sans devoir chaque fois franchir un poste de police, si nous étions descendus à l'hôtel dans un vrai village ou même chez mes parents, à Verneuil. » Dans les minutes qui suivirent, Dupont eut l'air si désappointé qu'elle s'en voulut et se calma vite. Le fils partit faire du cheval et eux errèrent, un peu désemparés, par les allées encombrées de familles et de jeunes gens rieurs, firent trempette sur la plage tropicale à l'ombre des palmiers en pot et réservèrent une table dans le plus cher des restaurants où, le soir venu, ils dégustèrent une côte de veau à la normande.

De ce jour, la mention de ce paradis sur terre leur est devenue un sujet de plaisanterie. Dès que l'un d'eux cède au lyrisme et vante les qualités incontournables d'un hôtel, d'un restaurant, d'un pays ou même d'un film ou d'un livre, l'autre lui répond imperturbablement : « Centerparcs ! » pour le ramener à la raison et à une appréciation plus mesurée des choses. En ce sens, ce séjour leur a fait beaucoup de bien en introduisant une plaisanterie rituelle dans leur relation. Seul leur fils, qui avait apprécié la leçon d'équitation et rencontré quelques copains possibles, s'est étonné de leur ironie, s'en montrant même un peu vexé.

On voit bien que, chemin faisant, je me suis pris d'affection pour monsieur et madame Dupont, que j'ai du mal à en faire les simples victimes d'un système où les images, les simulacres et les modèles réduits règnent en maîtres. J'ai du mal à concevoir que nous ne soyons pas tout à la fois un peu aliénés à ce système et un peu méfiants à son égard parce que le besoin d'avoir avec quelques autres de vrais contacts, une vraie relation, le besoin aussi d'imaginer notre vie, de faire nos propres images sans nous contenter de consommer des images préfabriquées, me semblent au bout du compte très partagés et constituer l'esquisse d'un contre-système, d'une résistance.

Nous allons donc admettre que lorsque la famille Dupont passe ses vacances à l'étranger, au Maroc, en

Tunisie, au Sénégal et même, une fois, au Mexique – ces pays où se croisent les parcours inversés des migrants et des touristes –, elle en tire une impression mitigée où se mêle à l'évidence de certains plaisirs – la détente, le soleil, des paysages – le malaise né de relations trop artificiellement cordiales avec les gens du cru et de l'obscure certitude que, si tout ce que les visiteurs voient se ressemble, c'est parce qu'on leur montre toujours peu ou prou la même chose : des sites, des mets, de l'artisanat et des amitiés à consommer de suite. Les Dupont aiment voyager, regarder à leur retour les diapositives et les films dont Dupont, qui les a faits, aime à commenter les aspects techniques et madame Durand-Dupont les anecdotes qui s'y rattachent, pour revivre ou réinventer ainsi en bavardant le passé proche. Il n'est pas exclu que, comme Flaubert, ils ne prennent pas parfois plaisir, dès avant le départ, à évoquer les joies subtiles du retour. Elles les aident à oublier le reste : la misère entrevue, escamotée, la bêtise plastronnante de quelques touristes, une forme de supercherie dont ils pressentent l'existence sans en mesurer tous les aspects ni en discerner tous les ressorts.

Finalement, le sens qu'ils pensent donner à leur vie ne dépend que d'eux, sont-ils tentés de croire. Ils savent bien que, dans un monde idéal, le bonheur de tous serait la condition du bonheur de chacun. En attendant, et parce qu'ils ont la chance de vivre dans une partie du monde où ils sont relativement protégés contre les formes les plus criantes du malheur, ils accordent de l'importance à leur vie privée. Mais la vie privée risque d'être privée de relations, d'être, en somme, la dernière illusion. Les Dupont comprennent parfois que toutes les consommations qui leur sont proposées sont piégées. L'individu qui consomme seul, qui transmet, communique et reçoit des informations, qui réagit aux évidences et aux images du présent, l'individu tout sourire des images publicitaires ou des variétés télévisées n'existe pas, ne peut pas exister. Entre souvenirs infidèles et projets incertains, dans l'ignorance de ce qu'elle est et l'attente de ce qu'elle deviendra, l'individualité, comme le bonheur, est une hypothèse, jamais pleinement vérifiée, qui se construit laborieusement avec l'aide des autres. Le cercle de l'altérité est plus ou moins vaste ou étroit, et la cosmo-technologie d'aujourd'hui, ses reflets aveuglants et ses évidences vulgaires en brouillent le dessin et les limites. Il est pourtant essentiel de ne pas les perdre de vue pour éviter que la violence n'achève de détruire les constructions fragiles qu'un lien symbolique distendu peine à tenir rassemblées. Sans doute est-ce parce qu'ils ont conscience de cette menace, qu'une majorité d'individus essaient de lutter contre la solitude, de vivre au jour le jour avec ténacité et persévérance : au total, avec une sorte d'application qui traduit quelque chose comme un désir ou une exigence de bonheur.

I

Les leçons de l'Afrique

Allers et retours

On me demande parfois : « Qu'est-ce qui a bien pu vous faire passer de l'ethnologie des villages africains à l'anthropologie des mondes contemporains ? » Ainsi résumée, car elle peut prendre des formes diverses, la question ne me surprend pas vraiment ; je vois ce qu'elle désigne en termes concrets : d'un côté les lignages de Côte-d'Ivoire ou les *vodún* du Togo, de l'autre les aéroports, Disneyland, les chaînes hôtelières et les périphéries urbaines, la télévision et le tourisme. La question ne me surprend pas, mais elle m'étonne. Car je ne me l'étais jamais posée ou plutôt je ne me la serais jamais posée si je n'avais pas eu à y répondre ; en outre, je ne suis pas sûr, à la réflexion, de comprendre sur quoi elle porte. Elle joue sur le temps et l'espace et mélange en fait trois questions qu'elle brouille un peu insidieusement en ne les formulant pas nettement. La première, exprimée en termes triviaux, serait à peu près la suivante : « Le temps des tribus et de l'ethnologie traditionnelle est fini ; l'ethnologie n'a plus d'objet. Considérez-vous que le monde a changé et que c'est ce changement qu'il faut étudier ? » La deuxième, sensiblement différente, s'interroge plutôt sur le sens d'un retour chez soi, à la maison, sur ce que, dans le langage post-colonial français, on a pu appeler « le repli sur l'Hexagone » : « Est-ce que vous privilégiez aujourd'hui l'ethnologie du proche, du quotidien ? L'ethnologie du lointain n'est-elle pas devenue trop difficile, politiquement et moralement, avec la fin du colonialisme et les prises de conscience identitaire ? » Quant à la troisième, elle mettrait en cause la discipline elle-même, sa spécificité : « Est-ce qu'aujourd'hui certaines distinctions disciplinaires ont encore un sens ? Quand vous parlez d'anthropologie, est-ce que vous n'évoquez pas des recherches très proches de celles de la sociologie ou de ce que l'on appelle aujourd'hui les sciences de la communication ? »

Ainsi décomposée et explicitée, la question me déçoit dans la mesure où j'ai le sentiment de m'être déjà expliqué sur les différents points qu'elle soulève : elle me prouve que je n'ai pas été entendu de ceux qui me la posent ou que je me suis mal exprimé. Ce malentendu éventuel n'est pas si grave, dira-t-on. Une zone d'indécision se maintient souvent entre ce que l'on croit avoir dit et ce que l'autre croit avoir compris, et il n'est pas forcément souhaitable d'essayer de la faire disparaître.

Mais, dans ce cas particulier, l'enjeu n'est pas neutre. Ce qui est en cause, ce n'est pas la plus ou moins grande continuité de mes travaux ou la plus ou moins grande clarté de mes explications, mais la définition même d'une discipline, l'anthropologie, dont je suis certain qu'elle a un rôle essentiel à jouer dans notre compréhension du monde actuel. Autrement dit, de mon point de vue, il est clair que la question dont je suis parti, les interrogations qu'elle reformule sans le dire, tout comme certaines affirmations en forme de boutades (du genre : « Alors, après avoir étudié les tribus africaines, vous venez étudier nos propres tribus ? ») révèlent une certaine méconnaissance du monde qui nous entoure et des effets spécifiques de la mondialisation.

Il me paraît donc intéressant de revenir sur mon itinéraire personnel, non pour ce qu'il aurait d'exceptionnel, mais, au contraire, parce que, comme celui de certains de mes collègues, il a obéi à certaines contraintes historiques qui l'ont infléchi, compliqué et allongé. Si Gérard Althabe ou Marc Abélès, pour en rester à des chercheurs français, ont d'abord travaillé l'un à Madagascar et au Congo avant de s'intéresser aux banlieues de Paris et de Nantes, puis à Buenos Aires et Bucarest, l'autre en Éthiopie avant de s'intéresser à la région de Séville, aux partis politiques et aux assemblées élues en France et en Europe, puis aux rapports sociaux dans la Silicon Valley, ce n'est pas parce qu'ils n'auraient pas pu rester en Afrique, ce n'est évidemment pas pour rentrer chez eux et ce n'est pas non plus en renonçant à leur métier d'ethnologue ou d'anthropologue, ni par éclectisme ou pour le plaisir de voyager.

Ils s'expliquent et s'expliqueront encore très bien eux-mêmes à ce sujet. Mais les itinéraires de chaque chercheur (comme de chaque individu) lui sont personnels et les enseignements qu'on peut en tirer sur un plan plus général doivent prendre en considération cette particularité. Les expériences ne peuvent être un tant soit peu exemplaires, partagées ou communicables que dans la mesure où elles sont aussi singulières. Et c'est ce qui m'encourage à revenir sur la mienne : c'est par elle, à travers elle que j'ai rencontré et abordé quelques-unes des préoccupations que nous inspire le monde contemporain.

Revenir sur ses recherches passées, c'est courir le risque de leur donner une cohérence rétrospective et d'effacer ce que la démarche intellectuelle peut comporter d'incertitude, d'impasses, de repentirs ou d'imprévus. Il est bien évident que certaines des réflexions que je peux faire aujourd'hui sur l'Afrique des années soixante et soixante-dix datent bien d'aujourd'hui et que je ne les aurais pas faites, ou pas faites dans les mêmes termes, au moment même. Mais je ne cherche pas à raconter une histoire. Je voudrais plutôt montrer comment la continuité d'un effort de recherche, c'est-à-dire d'observation, d'analyse et d'interprétation, sous-tend la diversité des terrains empiriques et tient plus précisément à l'incessant aller et retour que le chercheur effectue de façon plus ou moins méthodique ou spontanée entre ce qu'il voit et ce qu'il a vu, ce qu'il vit et ce qu'il a vécu.

Quelques exemples, pour préciser ce que j'entends par là. Mes séjours au Togo, postérieurs à mon premier terrain en Côte-d'Ivoire, m'ont confronté à une situation qui, par certains aspects, pouvait être considérée comme « antérieure » à celle que j'avais étudiée précédemment : les dieux des panthéons traditionnels, ceux que l'on appelle *vodún*, étaient très officiellement des objets de culte. Et ce culte, ou plutôt l'ensemble de l'appareil rituel diversifié qui traitait de manière spécifique chacune des innombrables divinités locales, me rappelait fortement ce que l'on m'avait raconté dans le sud de la Côte-d'Ivoire des cultes anciens qui n'y étaient plus, en principe, qu'un souvenir. Du même coup, une double question surgissait. La première portait sur la Côte-d'Ivoire : en quoi les prophétismes, ces formes religieuses syncrétiques et récentes qui avaient connu et connaissaient encore une remarquable expansion dans le sud du pays, répondaient-ils à une situation que les cultes anciens n'avaient pu ni maîtriser ni traduire ? Et la seconde sur le Togo : pourquoi les formes apparemment maintenues de la religion traditionnelle y semblaient-elles adaptées, dans une région relativement riche et développée où se trouvait Lomé, la capitale du pays, à une situation du même type ? L'aller et retour intellectuel prit la forme d'allers et retours géographiques que j'effectuai pendant quelque temps entre les deux pays.

Essayer de comprendre ce paradoxe, en outre, m'obligeait à m'interroger, après d'autres, sur les ressorts de l'efficacité rituelle, sur l'objet même de l'activité rituelle et sur l'acception du terme « rite » dès lors qu'on refuse de l'employer dans un sens métaphorique. Lorsque je commençai à jeter un coup d'œil d'ethnologue sur la France des années quatre-vingt, sans que cet intérêt procédât au départ d'un projet délibéré, j'avais toujours à l'esprit cette interrogation, et c'est tout naturellement que l'aller et retour intellectuel prit une dimension intercontinentale. Encore dois-je ajouter que, n'ayant jamais considéré comme ineffable, intraduisible et irrémédiablement unique quelque réalité culturelle que ce fût, je n'avais jamais répugné, en décrivant les intrigues lignagères et les scénarios religieux des campagnes ivoiriennes ou togolaises, à puiser des images, des comparaisons et des exemples dans la littérature, l'histoire ou l'actualité occidentales.

Mais il y a plus, et plus essentiel. L'Afrique des années soixante et soixante-dix n'était pas une Afrique atemporelle, coupée de l'histoire. Georges Balandier, dans son souci d'écrire une sociologie *actuelle* de l'Afrique Noire, avait analysé les spécificités de la « situation » coloniale. Le concept de « situation » évoque en fait un contexte et les effets de ce contexte. Or, ce contexte a très rapidement changé à partir des années soixante-dix. L'époque du néocolonialisme proprement dit (la poursuite du colonialisme sous d'autres formes et par d'autres moyens, qui faisait la part belle à l'ancien colonisateur, en l'occurrence la France) a bientôt laissé place à des interventions plus diversifiées. Le rôle des institutions internationales comme le Fonds monétaire, les actions multiples conduites par les organisations non gouvernementales ont progressivement modifié le contexte des politiques nationales. Ces modifications correspondaient à un changement d'échelle qui concernait aussi bien les anciens pays colonisateurs que les pays décolonisés, même s'il ne les affectait pas de la même manière. Autrement dit, il devenait chaque jour plus urgent, pour apprécier la signification du nouveau contexte dans lequel s'effectuait l'observation anthropologique et qui donnait seul son sens achevé aux phénomènes sur lesquels elle portait, de l'appréhender de différents points de vue pour en prendre l'entière mesure.

Les sciences sociales sont des sciences historiques : les objets qu'elles se donnent se transforment historiquement et elles sont elles-mêmes transformées par l'histoire. On pourra donc considérer que l'élargissement du champ de ma recherche, ou à tout le moins du champ auquel s'appliquait mon regard d'anthropologue, a répondu au souci très attesté dans la profession de prendre en considération le contexte des faits observés, mais on devra alors remarquer que ce contexte, pour la première fois dans l'histoire des sciences sociales, est dorénavant le même que celui de l'observateur et de l'observation.

Telle est bien l'une des conclusions à laquelle devrait aboutir la relation de mon itinéraire de recherche. Un coup d'œil sur ma bibliographie montre assez, pour le reste, qu'elle ne se divise pas en deux périodes bien tranchées, l'une africaniste, l'autre mondialiste ou généraliste, mais que mon intérêt pour l'Afrique, toujours actuel, s'y conjugue avec quelques expériences en Amérique latine et une attention soutenue à certaines caractéristiques du contexte planétaire. Les allers et retours, en somme, continuent.

S'il est donc bien certain qu'en retraçant mon itinéraire je lui attribue une fermeté d'intention qui n'était pas la sienne au départ, ni même en cours de route, c'est au terme d'une modification d'optique qui n'est pas une illusion : l'histoire me l'impose et m'impose du même coup de compter avec elle, de tenir compte des vérités rétrospectives qu'elle me fait découvrir, de me relire, en somme, comme si les faits que j'observais jadis ne prenaient tout leur sens qu'aujourd'hui. Il est fort possible, en fait, que dans quelques années ou quelques décennies on voie moins dans la littérature anthropologique une analyse de formes sociales disparues qu'un document sur le monde planétaire en train de naître. Les ethnologues n'ont pas eu et ne pouvaient pas avoir une pleine conscience de ce qu'ils décrivaient, et c'est ce qui fera à terme la force et le prix de leur témoignage. Leur inconscience est paradoxalement un gage d'objectivité.

Sans doute ceux d'entre eux qui ont pris le risque de ne pas se cantonner exclusivement dans leur univers de départ, de ne pas céder totalement à la fascination intellectuelle et esthétique devant l'art avec lequel tout groupe humain comprend et ordonne le monde et la vie, ont-ils anticipé les vérités rétrospectives à venir en entreprenant pour leur part l'effort de dévoilement au terme duquel l'anthropologie devrait apparaître comme le révélateur privilégié de l'histoire en train de se faire.

L'Afrique que j'ai fréquentée plus assidûment de 1965 à 1985 était une Afrique villageoise et quotidienne. Toute ethnologie est une ethnologie du quotidien. L'expression est donc mal venue quand elle prétend s'appliquer à une ethnologie « nouvelle » (nouvelle en ce qu'elle porterait sur la vie quotidienne des citadins occidentaux). C'était une Afrique villageoise, mais la circulation entre ville et campagne était intense : Abidjan appartenait à l'univers mental et social des lagunaires ivoiriens, comme Lomé à celui des populations du sud Togo. Beaucoup de ceux qui venaient consulter les prophètes-guérisseurs ivoiriens étaient des victimes de la vie urbaine : chômeurs, jeunes gens en situation d'échec scolaire, par exemple. Certains prophètes avaient des « représentations » en ville. Au Togo, les cultes *Vodún* étaient pratiqués à Lomé. L'extension d'Abidjan a transformé en banlieue certains des villages ébrié dans lesquels j'avais travaillé en 1968 et 1969. Mais dès mon arrivée sur le littoral alladian en 1965, l'isolement relatif des villages coincés entre mer et lagune ne les empêchait pas d'entretenir avec Abidjan, par route et par lagune, des relations suivies. Des hommes politiques importants, Philippe Yacé, numéro deux du régime à l'époque, et Joachim Bony, ancien ministre de l'Éducation nationale qui venait de sortir de prison, gracié par Houphouët-Boigny [1], venaient régulièrement dans leur « maison de campagne ». Sans doute cette imprégnation urbaine et politique, toujours sensible malgré l'isolement des lieux, m'a-t-elle aidé à ne pas trop décontextualiser mon objet d'étude.

Ceci dit, et même s'il est habituel qu'un premier « terrain » occupe une place à part dans la mémoire d'un chercheur, je me rends compte qu'un certain nombre de thèmes apparemment prioritaires aux yeux de mes interlocuteurs d'alors, et auxquels j'ai dû, pour cette raison, consacrer de l'attention, ont ressurgi de façon insistante lorsque je me trouvais loin de l'Afrique, en raison de leur caractère général, bien sûr, mais surtout parce qu'ils constituaient nécessairement l'un des termes des allers et retours que j'évoquais plus haut : ils étaient, ils étaient devenus des termes de référence obligés. Si ce caractère impératif tenait à l'attention que j'avais dû leur prêter durant des années, cette attention elle-même avait été entretenue et stimulée par l'extrême ingéniosité, la virtuosité intel-

1. Philippe Yacé, président de l'Assemblée nationale ivoirienne, secrétaire général du PDCI, Parti démocratique de Côte-d'Ivoire, parti unique à l'époque, avait été le bras droit d'Houphouët-Boigny durant toute la période dite « des complots » qui avait commencé en 1954 et venait de se clore en 1965. Joachim Bony en avait été l'une des victimes.

lectuelle et la richesse émotionnelle dont faisaient preuve les systèmes rituels et les modes d'interprétation à l'œuvre dans les lignages ivoiriens ou togolais. Je pourrais dire que l'Afrique m'a proposé plusieurs leçons qui ont pris la forme de véritables théories : une théorie de l'espace, une théorie de la personne, une théorie de l'événement et une théorie de la médiation.

Que faut-il entendre par « théorie » ? Cette question était tout à fait d'actualité dans les années soixante-dix et j'avais en tête les débats en cours lorsque, en 1975, j'ai intitulé ma thèse d'État « Théorie des pouvoirs et idéologie ». À l'époque, Paulin Hountondji s'en prenait avec force et humour à « l'ethnophilosophie » et à l'ouvrage du père Tempels, *La Philosophie bantoue*[2]. Il reprochait plus précisément à ce dernier de faire du « système » ontologique bantou un ensemble unifié et cohérent, d'y voir le fondement de toute la pratique sociale et d'étendre en outre ses conclusions à tous les Africains en général. Anticipant de longue date l'un des arguments de l'anthropologie postmoderne à venir, Hountondji lui reprochait en outre d'avoir écrit un livre à lire par les « doctes européens », le Noir restant un objet à définir, tout le contraire d'un interlocuteur. Maurice Godelier, de son côté, définissait les rapports de parenté dans les

2. À l'époque de *Théorie des pouvoirs et idéologie* (Paris, Hermann, 1975), je commentais l'article de Paulin Hountondji, « Remarques sur la philosophie africaine contemporaine », paru dans *Diogène* (71, 1970).

sociétés sans classes comme infrastructure et superstructure, faisant l'hypothèse qu'ils déterminaient l'autorité de certains individus sur d'autres en matière politique ou religieuse[3]. Mais il était ainsi conduit à postuler l'existence d'un « système idéologique » relativement cohérent et la relative autonomie de ce système.

Parlant de « théorie des pouvoirs », je faisais allusion pour ma part à une théorie d'ensemble implicite toujours formulée partiellement, en fonction des circonstances. Cette théorie, je l'appelai aussi idéologique ou logique des représentations, en entendant par là non pas une « philosophie » qui présenterait un discours achevé sur l'homme et sur le monde, mais le système non formulé comme tel auquel chacune des théories particulières (de la parenté, de l'économie, de la sorcellerie...) empruntait sa cohérence propre et sa relation aux autres théories. Chacune des théories particulières se présentait comme un ensemble de principes ou de règles techniques, interprétatives et normatives, qui ne faisait jamais l'objet d'un discours global et unificateur, mais dont les articulations se révélaient à l'usage dans les scénarios propres à la vie lignagère et à la faveur des événements qui en ponctuaient le déroulement.

Il me semblait donc que, tout en retenant les arguments de Paulin Hountondji, on pouvait néanmoins

3. Maurice Godelier, *Horizon, trajets marxistes en anthropologie*, Paris, Maspero, 1973.

prêter attention à la logique des représentations partagées par un même groupe social, même et surtout si ce partage était inégal (certains ayant de l'ensemble du système une meilleure connaissance, une meilleure maîtrise et une plus grande légitimité pour le mettre en œuvre). D'un autre côté, les exemples africains me persuadaient que c'était au niveau de l'idéo-logique d'ensemble du groupe social que les représentations touchant à la parenté, au pouvoir ou à l'économie manifestaient leur complémentarité et leur cohérence. Je ne voyais donc pas de raison à suivre Maurice Godelier lorsqu'il accordait à la seule parenté le privilège d'être à la fois infrastructure et superstructure : le politique, l'économie, la personne étaient eux aussi représentés et leur représentation s'accordait avec celle de la parenté. Les règles de la parenté ne pouvaient se comprendre indépendamment des théories de la personne ou des pouvoirs. Au total, c'était bien l'idéo-logique d'ensemble, qui, incluant aussi les éléments justifiant l'inégale position des uns et des autres, commandait le droit à la parole et au diagnostic, exerçant, en ce sens, un rôle dominant.

Le seul aspect de la « théorie » de l'espace qui fût explicitement énoncé dans les villages maritimes des Alladian de Côte-d'Ivoire, où j'effectuai ma première recherche, concernait les règles de résidence. J'en fus d'ailleurs ravi car ces villages impeccables, tirés au cordeau et où des clôtures en bambou marquaient les frontières de chaque « concession », comme on disait parfois dans un langage emprunté au colonisateur, semblait répondre exactement aux nomenclatures établies dans les manuels d'ethnographie.

À Jacqueville, où je fis mes premières armes, on me montra la frontière entre les deux moitiés du village, elles-mêmes divisées en grandes « cours » qui étaient chacune pour leur part le siège d'un matrilignage. L'expression doit s'entendre littéralement, puisque le chef de lignage s'asseyait sur un siège (on proposait parfois la traduction un peu pompeuse de « trône ») qui, transmissible à l'intérieur du matrilignage, en symbolisait la continuité. La théorie ethnologique distingue entre les systèmes « harmoniques » et les systèmes « dysharmoniques ». Les systèmes harmoniques sont ceux dans lesquels les règles de filiation (de descendance) et les règles de résidence coïncident. Par exemple, une société dans laquelle la filiation est patrilinéaire (chacun appartenant au lignage de son père) et la résidence patrilocale (chacun demeurant dans la même « maison », « cour » ou « concession » que son père) est dite harmonique. En revanche, une société dans laquelle elles ne coïncident pas (dans laquelle, par exemple, la filiation est matrilinéaire et la résidence patrilocale ou, inversement, la filiation patrilinéaire et la résidence matrilocale ou encore avunculocale – chacun résidant alors chez le frère de sa mère) est dite dysharmonique. Les Alladian n'étaient ni harmoniques ni dysharmoniques et je dus inventer un terme (« hémiharmonique ») pour décrire la relation qui existait chez eux entre filiation et résidence. Ils étaient matrilinéaires (on y appartenait au lignage de sa mère et de son oncle maternel ; autrement dit, l'appartenance au lignage se transmettait par les femmes) et patrilocaux (on résidait chez son père) ; ils étaient aussi virilocaux, c'est-à-dire que l'épouse venait rejoindre son époux (chez le père de celui-ci, par conséquent). Ils n'étaient pourtant pas purement et simplement dysharmoniques, car, à la mort du chef de lignage, c'était son successeur dans la ligne utérine qui venait s'asseoir sur le siège du lignage. Ce successeur pouvait être un frère de même mère, mais aussi le fils d'une sœur de la mère ou le fils d'une sœur (le neveu utérin) du chef de lignage qui abandonnait la cour de son propre père pour venir s'asseoir sur le siège du matrilignage.

Ces règles ne sont pas purement formelles. Elles sont l'expression de relations complexes dans le domaine de l'autorité, des pouvoirs et de l'économie. Les devoirs d'un jeune (ou moins jeune) Alladian à l'égard de son père et à l'égard de son oncle maternel étaient précis et distincts. Il travaillait en principe pour son père (son père biologique ou son héritier en ligne utérine), il était l'héritier potentiel de son oncle maternel, il portait un nom transmis en ligne agnatique (père, père du père...). Les droits et les devoirs se partageaient de manière précise entre matrilignage, matrilignage du père et ligne agnatique, et cette organisation devait pouvoir se lire dans l'espace. J'ai été témoin des graves conséquences que pouvait avoir un manquement dans ce domaine. Le fils d'un chef de lignage décédé refusa de rester dans la « cour » paternelle le jour où le successeur et héritier de son père vint s'y installer. Il se réfugia dans la cour de son oncle maternel. Mais il fut l'objet de telles pressions qu'il dut bientôt s'incliner et rentrer au bercail avec femmes et enfants.

Les tensions propres au système étaient très bien analysées par ceux qui les subissaient, et le mariage à l'intérieur du matrilignage, lorsqu'il était possible (le mariage entre cousins germains parallèles – fils et fille de sœurs – étant interdit), était considéré comme souhaitable. Cette possibilité n'expliquait pas à elle seule le constat que je fus amené à faire : malgré la patrilocalité, dont la conséquence théorique aurait dû être qu'une même cour fût habitée par des individus n'appartenant pas au lignage du père, la plupart des habitants d'une cour se disaient de même lignage. J'en eus bientôt l'explication. Les plus riches des chefs du matrilignage, commerçants avisés, avaient épousé au début du siècle des femmes appartenant à des groupes patrilinéaires pour lesquelles ils avaient payé une dot, ou avaient fait l'acquisition de femmes esclaves : les enfants de ces femmes appartenaient de droit au matrilignage du doteur ou de l'acquéreur. En outre, les nombreux esclaves intégrés au lignage de leur acquéreur au XIXe siècle avaient pratiqué l'endogamie de lignage (avec d'autres esclaves), de même que leurs descendants, en sorte que dans toutes les cours des plus grands lignages commerçants tout le monde ou presque proclamait son appartenance au même lignage. Sans que la règle de résidence fût tournée, on aboutissait ainsi à une situation qui en gommait la plupart des effets. La plupart seulement, car les plus gros lignages avaient en général pris soin de garder intacte une ligne « pure » de tout apport extérieur et par rapport à laquelle on voyait très bien fonctionner les jeux de la filiation et de l'alliance.

Si j'insiste quelque peu sur la subtilité des rapports ainsi mis en scène entre filiation, alliance et résidence, c'est parce qu'ils étaient aisément lisibles dans l'espace. J'ai employé plus tard à ce propos l'expression « lieu anthropologique », qui renvoie aussi bien à l'idéal quelque peu totalitaire de tout groupe humain (mettre chacun à sa place) qu'à celui de l'anthropologue, de pouvoir, au terme d'un effort de lecture, déduire le social du spatial. De fait, la situation de chacun dans l'espace villageois disait théoriquement toute sa situation sociale.

Cette organisation socio-spatiale fournissait aussi un modèle à l'imaginaire partagé des Alladian. Leur représentation du monde des « sorciers » nocturnes était à l'image de l'espace villageois ou plutôt « doublait » celui-ci comme une doublure sous-tend un vêtement. Le terme « sorcier » est inapproprié pour désigner l'individu censé posséder un pouvoir particulier d'agression, j'y reviendrai un peu plus bas. Retenons pour l'instant que, selon la théorie, il y avait au moins un « sorcier » par matrilignage, que le chef du matrilignage était le premier soupçonné de posséder ce pouvoir d'agression – pouvoir éminemment ambivalent puisqu'un lignage qui en aurait été dépourvu aurait été de ce fait un lignage faible –, que ce même chef de lignage était évidemment le dernier à pouvoir être accusé et qu'une vieille femme du lignage, idéalement sa sœur aînée, passait toujours pour détenir un pouvoir encore plus fort que le sien. Autrement dit, il était possible d'établir une cartographie de la société des « sorciers » qui doublait celle du village. Mais, si le village était l'espace de cette société, la cour en était le modèle. On disait que, la nuit, autour des grands fromagers qui se trouvaient à une extrémité du village, les délégués de chaque lignage se retrouvaient « en double » autour de leur chef. La société des sorciers est donc conçue comme une réduction de la société villageoise (seuls quelques villageois en font partie), mais comme un agrandissement de la cour.

Une représentation de ce genre n'est pas un pur jeu de l'esprit. Elle commande l'interprétation des événements du quotidien et impose une conduite attentive : en fonction d'une hiérarchie implicite (celle du monde en double) qui renforce la hiérarchie sociale explicite, chacun sait ou devrait savoir ce qu'il peut se permettre ou non. L'espace villageois, en ce sens, y compris dans sa dimension rêvée, est pour celui qui sait le lire un perpétuel rappel à l'ordre.

On peut comprendre, dans ces conditions, que de nombreux jeunes gens fussent tentés de se lancer dans l'aventure de la vie en ville : elle se présentait comme un espace de liberté. Encore, au moindre incident, au premier malheur ou à la première maladie, la logique lignagère et ses représentants y étaient-ils susceptibles de rattraper l'imprudent qui avait cru pouvoir échapper aux contraintes de la vie lignagère, car c'est dans le jeu des intrigues lignagères que se situait, en principe, l'explication des infortunes de tous genres : l'espace villageois rattrapait l'espace urbain comme le sens rattrape le non-sens. Le trop-plein symbolique de l'espace villageois (où nul geste ne peut se faire, nul sourire s'esquisser, nulle parole se prononcer, qui ne soient susceptibles un jour d'être interprétés) étouffe l'individu, mais il se présente aussi parfois comme un recours contre le vide de la vie urbaine pour celui qui échoue à y nouer d'autres liens.

On peut comprendre aussi le recours ou le refuge qu'ont pu constituer aux yeux de beaucoup les espaces d'impunité, les « hors-lieux », que les prophètes-guérisseurs (le second terme étant ici plus important encore que le premier) ont réussi à créer au fil du siècle. Le prophète-guérisseur organise un espace qui lui est propre ; il le symbolise, en définit les limites et en réinvente l'histoire (chaque source, chaque arbre y prend un sens particulier), il lui impose son rituel et y proclame sa force : nul agresseur ne peut s'y manifester. Le prophète se présente ainsi comme un « anti-sorcier ». Il faut entendre par là que les impératifs de la logique villageoise et lignagère s'arrêtent au seuil de l'espace qu'il s'est réservé. Certes, on peut trouver chez lui, accompagnés par un entourage vigilant, des individus accusés de sorcellerie, mais c'est son diagnostic et éventuellement sa sentence qui prévaudront. Dans de nombreux cas, de manière plus ou moins définitive, l'accusé s'installe auprès du prophète-guérisseur, se soustrayant ainsi au trop-plein du village comme au vide de la ville.

Il est bien certain que l'affaiblissement du prophétisme aujourd'hui et l'extension du pentecôtisme protestant correspondent à une situation nouvelle, mais cette situation a aussi une dimension spatiale dont l'extension des périphéries urbaines est l'aspect le plus spectaculaire : les Ivoiriens entrent à leur tour dans « l'ère du vide ».

L'espace togolais était porteur d'une autre expérience et d'une autre leçon. Au premier coup d'œil, dans les villages guin ou mina situés à l'est de Lomé, l'espace apparaissait balisé, de manière très dense, par des quantités impressionnantes de représentations de dieux, de « dieux-objets », comme je les ai finalement appelés : les uns s'agglutinaient à la porte des maisons ; d'autres s'abritaient dans des autels situés à l'intérieur des grandes cours lignagères ; d'autres, enfin, se dressaient dans des lieux publics comme la place du marché, ou, en dehors des villages, à la croisée des chemins.

Le village était divisé en quartiers où étaient installés des patrilignages (le système, ici, était on ne peut plus harmonique). Chacun de ces patrilignages occupait une vaste cour ; un certain nombre d'entre eux avaient un rôle religieux important et fonctionnaient comme des « couvents », c'est-à-dire des sortes de collèges ou de pensions religieuses où les initiés, des mois et même des années durant, apprenaient à servir les divinités qui les avaient choisis. Dans la région d'Anfouin, où j'ai séjourné dans les années soixante-dix (1974, 1975 et 1977), les initiées étaient toutes des femmes, des femmes du lignage ou des filles de ces femmes. Ailleurs les initiés pouvaient être des hommes. Les contraintes liées à l'initiation et au séjour dans les « couvents » (l'initiation complète durait plusieurs années et comportait une période de réclusion totale de plusieurs mois) se révélaient toutefois peu compatibles avec la vie moderne ; les initiations masculines, là où elles existaient, s'étaient faites plus rares, et les initiations féminines tendaient à s'étaler sur une durée plus courte. Il faut dire qu'elles représentaient un pouvoir de contrainte extraordinaire des lignages et des couvents les plus importants. Le chef de lignage et certains de ses frères étaient les responsables du culte consacré, dans leur cour commune, à un certain nombre de *vodún*. Ces *vodún* eux-mêmes avaient été hérités en ligne agnatique (à l'intérieur du patrilignage) ou installés dans la cour à la suite de certaines circonstances. Une maladie, par exemple, pouvait être interprétée comme l'appel d'un *vodún* à lui créer un autel et un culte ; dans ce cas, un spécialiste fabriquait un *vodún*, c'est-à-dire plus qu'une représentation du dieu : une réalisation, une matérialisation de celui-ci ; car le dieu est un (un des personnages de la mythologie) et pluriel : on le trouve en de multiples exemplaires, y compris à l'intérieur d'un même couvent, certains de ces « exemplaires » étaient éventuellement jugés plus forts et plus efficaces que d'autres. L'individu qui avait reçu l'appel du *vodún* en devenait le « prêtre », le responsable, et il n'était pas exclu qu'il devînt à terme le mentor et le responsable d'initiées « appelées » par le même *vodún*. Certains troubles physiques ou mentaux pouvaient être interprétés par un spécialiste comme un appel de ce genre. Si la femme appelée était mariée, cet appel valait rappel : le gendre était invité non seulement à laisser sa femme rentrer dans la cour paternelle, mais encore à payer les frais de séjour. Il est plusieurs fois arrivé à une fille du lignage mariée et partie vivre en ville de devoir rentrer au village et dans son lignage.

Là encore, on pouvait déduire de l'organisation spatiale une bonne part de l'organisation sociale. Dans ce pays où l'activité agricole était intense (on y cultivait, notamment, beaucoup de manioc), un grand nombre des individus les plus jeunes vivaient dans des écarts assez lointains. Le siège villageois du patrilignage servait de pivot et de repère aussi bien aux paysans des hameaux de culture qu'aux citadins de Lomé et, à l'occasion (à l'occasion, en général, de quelque incident de santé ou de quelque trouble passager), le système religieux exerçait son rôle de rassembleur du lignage, au grand dam éventuellement des intéressées elles-mêmes et de leurs époux.

On ne saurait évidemment réduire la complexité d'un système religieux à sa mise en espace et à sa fonction sociale. Mais il est incontestable que les dispositifs religieux observables dans le sud togolais avaient pour modèle, et même reproduisaient fidèlement, un dispositif expérimenté dans le cadre de structures politiques fortes, comme les royaumes Fon et Yoruba. Ce dispositif était essentiellement centripète ; les grands *vodún* de la tradition mythologique étaient d'abord présents au cœur du royaume ; ils se présentaient même par certains traits comme des ancêtres des lignées régnantes. Leur présence multiple dans chaque lignage était l'expression d'un système où la royauté récapitulait la société. De ce point de vue, le fonctionnement des couvents de lignage reproduit à l'échelle du village ce qui se passait à l'échelle du royaume. Des chaînes d'obligations lient les individus les uns aux autres en fonction de leur sexe et de leur place dans la hiérarchie lignagère ; ces chaînes d'obligations s'arrêtaient à tel ou tel grand chef de lignage dans les petits groupes que j'observais au Togo, mais, dans un autre contexte institutionnel, elles remontaient jusqu'à la personne du roi. Le fait remarquable est que des dieux très matérialisés, des dieux-objets, permettaient de lire sur le sol l'organisation de ce système de dépendances, de le suivre à la trace en quelque sorte. Sans entrer dans les détails de ce dédale, dont j'ai ailleurs[4] essayé de donner une idée, je rappellerai ici les caractéristiques étonnantes du dieu Legba. C'est un dieu personnel, chacun a son Legba. Chacun a même deux Legba, un près de sa couche, un près du seuil de la maison. Le premier protège l'in-

4. *Génie du paganisme*, Paris, Gallimard, 1982. *Le Dieu objet*, Paris, Flammarion, 1988.

dividu qui dort et rêve, l'empêchant d'accomplir en rêve, « en double », des actions qu'il pourrait regretter au retour dans la vie diurne. Le second le protège des autres, de tous ceux qui, de jour ou de nuit, seraient tentés de lui nuire. Chacun a son Legba, mais c'est aussi le même Legba, celui que l'on trouve sur la place publique, au marché ou dans les carrefours, comme Hermès. Dans les royaumes, il y avait, bien entendu, un Legba royal, et chaque *vodún*, en outre, a son propre Legba (il y a par exemple un Legba d'Hevieso, le dieu du tonnerre). Le sol est couvert de Legba (morceaux de terre ou d'argile vaguement anthropomorphes), qui signifient à la fois l'individualité de chacun et sa dépendance des autres – tout ce que, au demeurant, Legba, le personnage du mythe, exprime à sa manière dans différents épisodes mythiques que relatent à l'occasion les *bokonô*, les prêtres des *vodún*, lorsqu'ils ont un diagnostic à formuler ou un événement à interpréter.

Mon expérience africaine est d'abord une expérience de l'espace. Elle m'a permis de pressentir que je me déplaçais dans un monde symbolique dont beaucoup d'éléments m'échappaient, alors qu'ils faisaient sens pour mes interlocuteurs. Ils faisaient sens social, pourrait-on dire. C'est un point sur lequel je suis souvent revenu. Le sens dont peut parler l'anthropologue, c'est le sens que perçoivent les autres ; et le sens que perçoivent les autres, le sens des autres, c'est la manière dont ils perçoivent leur relation avec les autres, ceux des autres qui leur sont reliés. Il y a sens si la relation est formulable (en termes descriptifs, interprétatifs ou normatifs) et, au bout du compte, instituée : les relations qu'étudient les anthropologues (relations de parenté, relations de genre, relations d'âge, relations de pouvoir...), ce sont ces relations formulées et instituées par les autres. Dans l'Afrique lignagère, mille indices dans l'organisation de l'espace faisaient allusion à ces relations de sens et fonctionnaient comme autant de rappels à l'ordre social. Je n'ai pas évoqué ici d'autres dimensions spatiales, pourtant très soulignées localement (les oppositions terre/mer, terres de culture/forêt, village/brousse), pour me concentrer sur l'intense socialisation de l'espace villageois.

Cette socialisation ou, si l'on veut, cette symbolisation avait ceci de remarquable en effet, qu'elle était à la fois indécelable ou presque pour le regard extérieur, et omniprésente : aussi évidente et naturelle pour les habitants, ceux qui en relevaient, que dérisoire et négligeable pour les autres. Sans doute était-elle plus visible au Togo, où les manifestations religieuses débordaient volontiers de l'intérieur des couvents sur les places publiques, mais dans l'ordinaire des jours, c'était tout juste un drapeau discret qui signalait parfois l'entrée d'un couvent et, à l'intérieur des cours, les autels du culte étaient dérobés à la vue de l'étranger de passage par un simple chiffon. Les Legba qui s'entassaient au seuil des demeures se fondaient dans le paysage des cases en torchis. Il fallait un peu de temps pour comprendre que ces signes apparemment dispersés étaient bien des signes, et des signes forts. En sorte que, si je me suis toujours méfié de toute lecture qui déduirait l'organisation sociale de l'organisation spatiale comme si la seconde n'était que l'expression ou le reflet de la première, j'ai aussi appris à considérer qu'il n'y avait pas d'espace innocent, pas d'espace déconnecté du social, que l'espace était toujours plus contraignant qu'il n'y paraissait à première vue. Il n'y a pas des espaces sociaux et d'autres qui ne le seraient pas, mais des espaces socialisés et des espaces socialisés autrement, par exemple des espaces symbolisés et des espaces codifiés.

Cette socialisation, dans le cas africain, s'étendait à la nature et au corps. L'étude des techniques du corps est un chapitre classique de l'ethnologie ; qu'il suffise ici de rappeler que l'espace du corps fait l'objet d'un nombre impressionnant de prescriptions et d'interdits, aussi bien dans l'espace public que dans l'espace privé : il y a, entre autres, ce que l'on doit faire de la main droite et ce que l'on doit faire de la main gauche, ce que l'on peut montrer et ce que l'on doit cacher. Du côté de la nature, en revanche, si l'on excepte les grandes divisions que je rappelais un peu plus haut, la socialisation est plus aléatoire : elle dépend par exemple du diagnostic d'un devin qui peut réinsérer dans la chaîne des causalités sociales et religieuses un geste anodin accompli dans un moment d'apparente liberté. Ainsi une pierre ramassée au bord du chemin, un morceau de métal brillant trouvé dans les herbes prennent tout leur sens lorsque, souffrants, ceux qui les avaient trouvés relatent l'anecdote à un devin. Ces objets étaient en fait des signes et des expressions d'un *vodún* que le spécialiste identifie : il convient que, pour guérir, celui ou celle à qui le *vodún* a fait ainsi appel lui crée un autel. À l'intérieur de chaque *vodún*, d'ailleurs, on trouve des éléments minéraux, végétaux et animaux (chacun d'entre eux a sa formule, sa recette, auxquelles correspondent les prescriptions et les interdits dont il fait l'objet) : l'ensemble des *vodún*, en somme, constitue très matériellement une récapitulation du monde et de la nature environnante.

Ce « totalitarisme » spatial, si l'on peut dire, ne s'appréhende donc pleinement qu'à partir des pratiques dont l'espace est par nature l'objet, l'occasion ou le moyen. La « théorie » de l'espace est à la fois totalisante (il n'y a pas d'espace neutre) et partielle (elle ne fonctionne et n'a d'efficacité sociale qu'en relation avec d'autres « théories » : de la personne, de l'événement et de la médiation).

La personne

Différents scénarios (liés à des événements naturels comme la naissance, la mort et la maladie, ou sociaux, comme certains conflits) mettaient en jeu, chez les Alladian, une conception de la personne à laquelle toute une série d'interprétations et de diagnostics se référaient. Interrogés, les spécialistes de la question (aînés de lignages, guérisseurs) la commentaient volontiers, la théorisaient même, essayant de la généraliser, au prix de quelques obscurités ou contradictions minimes dues soit à la complexité d'un cas concret (on me l'a souvent répété : « il y a plusieurs causes à la mort d'un homme »), soit à la difficulté d'un exercice inhabituel (la théorie n'est ordinairement évoquée que fragmentairement et au cas par cas). Mais le plus remarquable, au total, c'est que ces exposés me rappelaient jusque dans le détail les descriptions et analyses de différents anthropologues britanniques ou français à propos d'autres populations akan (Ashanti, Fanti, Agni). J'eus moi-même l'occasion de retrouver plus tard, dans différents groupes du sud de la Côte-d'Ivoire (Avikam, Aïzi, Ébrié), des schémas intellectuels analogues et, au Togo, dans un contexte culturel un peu différent, les mêmes principes à l'œuvre dans l'interprétation des événements et la représentation des personnes.

Restons-en ici à l'évocation de ces principes, après avoir rappelé une fois encore qu'ils sont induits des scénarios particuliers qui nécessitent d'y faire référence.

La personne est plurielle, structurale (ou relationnelle), poreuse et immanente. L'individu n'est jamais que la réunion éphémère d'éléments qui, à sa mort, pour les uns se redistribuent de façon systématique ou aléatoire, pour les autres disparaissent à tout jamais. Deux des composantes de la personne, dans le groupe akan, correspondent l'une à la part la plus personnelle de l'individu, à son identité singulière, l'autre à la part héritée et transmissible. Un certain nombre de fonctions leur sont attribuées. La plus identitaire est aussi la plus essentielle à la vie du corps. Chez les Alladian, elle s'appelle *eẽ*, ce terme désignant également l'ombre portée du corps. Le *eẽ* est très proche aussi du sang : d'un « sorcier » (je reviendrai plus bas sur ce terme), on dit indifféremment qu'il dévore le *eẽ* ou boit le sang de sa victime. Le *eẽ*, c'est à la fois le sang de l'individu, sa force vitale (dont il hérite et qui se transmet), et sa personnalité, qui n'appartient qu'à lui et disparaît à sa mort. Le sang est inclus dans le sperme de l'homme et fait la substance corporelle de l'enfant qu'il engendre, la femme (« pirogue », ou « sac ») n'étant qu'un lieu de passage. Au total, cette première composante permet de penser à la fois l'identité et la corporéité de l'individu, mais aussi, plus subtilement, sa singularité et son inscription dans une filiation.

Quant à l'autre composante (chez les Alladian, le *wawi*), elle est d'abord définie comme la force active de la première. D'un homme de caractère, on dit qu'il a un *wawi* fort. Elle se transmet (chez les Alladian, pourtant matrilinéaires, en ligne paternelle, bien que ce ne soit pas une règle absolue) mais, après la mort, reste en place quelque temps : c'est elle qui fait avancer ou reculer le cadavre d'un individu (en guise de réponse affirmative ou négative) lors de l'interrogation sur les causes de sa mort. Le *wawi* peut rejoindre le village des morts, mais peut aussi se porter sur un homme auquel il veut du bien, renforçant ainsi sa force et son caractère, ou se réincarner, dans la ligne paternelle le plus souvent. Il peut aussi revenir du village des morts et se manifester dans les rêves de ceux qui ont eux-mêmes un *wawi* assez puissant pour voir en rêve celui des morts.

Il n'est fait allusion à ces éléments de théorie que pour expliquer un certain nombre de faits ou d'événements, par exemple pour identifier un nouveau-né ou comprendre les causes d'un décès, ou encore la bonne ou mauvaise mine de quelqu'un. La personne n'est pas seulement conçue comme plurielle, mais comme relationnelle (la force de l'un peut passer à l'autre, ou s'y attaquer ; les pouvoirs se transmettent ou s'héritent) et comme non dualiste : rien qui ressemble à une opposition corps/âme ou matière/esprit dans un système où l'ombre, le sang, la force, la personnalité, la filiation, la lucidité ou l'influence appartiennent à un même ordre de réalité.

La pluralité de la personne est structurale (définir l'un, c'est situer les autres), et les conceptions de l'hérédité renforcent ce caractère. Chez les Alladian, l'idée dominante est que la personne du petit-fils aîné du grand-père paternel reproduit celle de ce grand-père : entendons qu'il hérite de son *wawi*. L'héritage peut d'ailleurs être anticipé, et l'on m'a décrit plusieurs fois le geste par lequel un homme âgé, prenant dans ses bras le fils aîné de son fils aîné, lui frappe le front de son front pour lui transmettre cette force constituante. Les règles de dation du nom ont en outre pour effet que ce même petit-fils aîné porte en général le nom de son grand-père. Sur le corps de l'enfant qui venait de naître et dont le grand-père était déjà mort, on cherchait avec empressement, je m'en souviens, la marque ou la trace, l'air de ressemblance, qui confirmerait son retour partiel. Au Togo, cet élément, transmissible dans la ligne agnatique, s'appelait le *djoto* et, dans le royaume fon, la dynastie se définissait par l'entrelacs des différents *djoto* qui, toutes les trois ou quatre générations, revenaient dans la lignée royale. Ainsi les Français, quand ils s'affrontèrent à Béhanzin, combattirent-ils, sans le savoir, outre une personnalité multiple, un héritage, et une histoire.

Les dieux sont généralement conçus comme d'anciens hommes, des ancêtres. Les premiers ethnographes le disent parfois en sens inverse, affirmant que tel ou tel ancêtre royal a été « divinisé » et que c'est la raison pour laquelle on lui rend un culte, comme aux autres *vodún*. Dans les royaumes fon, ewe ou yoruba, tous les mythes d'origine décrivent un monde où « dieux » et ancêtres sont indémêlables, où les « dieux » sont présentés comme les fondateurs des royaumes. Les « dieux », les *vodún*, meurent comme les hommes : il suffit d'affamer l'un d'eux, de ne plus lui rendre le culte qui lui est dû (de le priver des aliments prescrits qui renouvellent son énergie) pour que, comme une pile vieillie, il se « décharge » et meure. Bien entendu, je parle maintenant de l'un des *vodún* matérialisés qui porte le même nom que des milliers d'autres, mais l'on a vu que chacune de ces matérialisations avait son autonomie (un peu comme lorsque je dis que « ma » Twingo ou « ma » Ford Fiesta est increvable ou a de bonnes accélérations). Les *vodún* se reproduisent sur le modèle de l'hérédité humaine : le devin prélève quelques éléments du *vodún* pour en fabriquer un deuxième de même nom. L'hérédité humaine est conçue de la même manière comme transmission d'un élément (le *wawi*, le *djoto*...). Le souverain yoruba devait, dit-on, absorber un morceau du foie de son prédécesseur avant d'être intronisé. Si l'on prête attention, en outre, au fait que chacun a un ou des *vodún* personnels et que chaque *vodún* contient des éléments matériels des règnes animal, végétal, et minéral, on perçoit aisément l'immense effort de récapitulation du monde qui préside aux conceptions de la personne, du dieu et du roi, toutes convergeant dans une vision rigoureusement immanente du social et de la nature.

Prise dans un nœud de relations, de contraintes et de dépendances, la personne est aussi vulnérable et poreuse qu'elle est rigoureusement définie. La bonne santé et l'équilibre d'un individu dépendent de la cohésion de ses deux constituants principaux (le *wawi* et le *eẽ* chez les Alladian). Au cours de ses vagabondages nocturnes (en rêve), le *wawi* peut faire de mauvaises rencontres. D'où l'importance du rêve et de la mémoire du rêve : accepter, en rêve, de la viande offerte par un inconnu peut signifier que l'on vient d'être enrôlé dans la société des « sorciers » anthropophages (ils dévorent la chair, boivent le sang, ou épuisent le *eẽ*, ce qui revient au même : un teint gris, par exemple, peut signifier une attaque de ce genre). Rêver clairement (garder la mémoire du rêve) est un signe de force. Une femme enceinte ne doit pas prendre sa douche la nuit, de peur que le *wawi* errant d'un « mauvais mort » (un de ces morts dont, pour une raison ou pour une autre, on n'a pas pu accomplir les rites *post mortem*) ne pénètre dans le fœtus qu'elle porte et ne se substitue à son *wawi*.

Les deux « instances » psychiques que je viens d'essayer de définir ont excité l'imagination des ethnologues. Les plus chrétiens ont essayé de faire de la tension qui peut les opposer (l'un est stable, l'autre mobile ; l'un est la vie, l'autre est l'action) un équivalent des tourments propre à la personnalité chrétienne (déchirements, cas de conscience) : la traduction « ange gardien » a été proposée pour l'une d'elles. Mais ces tentatives sont en désaccord si flagrant avec le matérialisme de la conception africaine, avec son sens des purs rapports de force, qu'elles ont fait long feu, tout comme celles d'identifier des figures du panthéon fon ou yoruba avec les figures chrétiennes du Christ ou de Dieu le père. Le langage psychanalytique (opposant le « ça » au « moi ») n'a pas donné de résultats beaucoup plus probants, mais au moins permettait-il, une fois refusées les assimilations terme pour terme, d'insister sur la pluralité et l'instabilité de la personnalité, sur le passage obligé par l'altérité pour construire l'identité, et sur la nécessité d'instances médiatrices pour assurer une certaine cohérence au rapport de soi avec soi comme à celui de soi avec l'autre.

À ce point, la théorie de la personne et celle de l'événement apparaissent très liées, car la personne n'est jamais appréhendée qu'en acte ou définie en relation avec les événements qui, très littéralement, la mettent en cause. La composante agissante de la personnalité peut être qualifiée d'agressive (supposée porteuse, alors, d'un pouvoir qui lui permet de terrasser son homologue chez un autre et d'atteindre sa composante vitale) ou, au contraire, de défensive (porteuse, alors, d'un pouvoir dont on sait bien qu'il est le même que le premier mais dont on pense pouvoir constater qu'il est utilisé à des fins défensives, contre l'agression d'un autre). Chacun de ces « pouvoirs » porte un nom (en alladian, *ãwa* pour le premier, *seke* pour le second), mais ces mots ne se prononcent pas aisément, ils ont valeur de diagnostic, d'accusation ou de réfutation. Les expressions que l'ethnologue est amené à traduire par « sorcier » ou « contre-sorcier », pour se référer à la littérature existante, sont en fait bien bâties à partir de ces mots-là et signifient littéralement : homme, ou femme, d'*ãwa* ; homme, ou femme, de *seke*. Mais là encore, tout dépend des situations et des circonstances : l'individu fort peut suggérer, de mille et une façons, qu'il possède tous les pouvoirs ; encore faut-il que l'événement (un malheur, une maladie) ne le mette pas en difficulté. Le mot *ãwa*, ou son équivalent dans les populations voisines, ne se prononce qu'en toute extrémité (dans le délire de l'accusation ou la panique de l'aveu). La suggestion, le sous-entendu qui permettent de désamorcer une situation explosive sont les armes rhétoriques les plus habituelles. Le chef de lignage, dont on a vu plus haut qu'il était le premier soupçonné, est évidemment, en principe, le dernier à pouvoir être accusé. Le pouvoir de son *wawi* est ambivalent (à la fois *ãwa* et *seke*) ; ce pouvoir fait aussi la force du lignage, même si les malheurs qui surviennent à l'intérieur de celui-ci peuvent lui être éventuellement imputés. Bref l'idéo-logique, comme somme des énoncés possibles et pensables, contient aussi les principes qui commandent la prise de parole ou le silence. Chacun sait qu'une accusation trop vite ou trop inconsidérément portée peut se retourner contre son auteur. Monde rhétorique pur, monde rhétorique dur, les lignages africains sont une école d'exercice du pouvoir et de la parole à laquelle ceux qui exercent les responsabilités politiques nationales sont souvent redevables.

AUJOURD'HUI : LA PERSONNE EN CRISE ET LA DICTATURE DU CORPS

Le corps, aujourd'hui, c'est d'abord une image ou plutôt des milliers, des millions d'images qui assaillent les uns, fascinent les autres, et dont s'imprègne l'œil de chacun. Les images, diffusées par les médias – la télévision en premier lieu, mais aussi le cinéma, les journaux, les publicités – sont de diverses sortes, mais elles appartiennent toutes à ce que l'on pourrait appeler notre nouvelle cosmologie, une cosmologie à vocation ou à prétention planétaire qui fait sa part à la mode, au sport, aux séries télévisées dont les personnages sont plus connus que les acteurs. Des corps somptueux nous sont présentés, qui accomplissent des performances – courent, sautent, marquent des buts, exécutent des revers le long de la ligne – ou figurent quotidiennement dans des scénarios qui leur imposent le rythme d'un défilé de mode : dans les demeures de Beverly Hill ou sur les plages de Californie, à l'écran, les corps sont bronzés, les cheveux brillent, et le décor (maisons, jardins, voitures, plages) n'est que l'écrin somptueux où ils s'épanouissent.

Le procédé du ralenti, de temps à autre, permet d'assister à l'envol d'un corps parti chercher la balle de la tête ou accomplissant au bout de sa perche l'ultime renversement qui va le propulser par-dessus la barre. Il échappe un instant à la pesanteur, comme semblent le faire les top models des défilés de mode lorsqu'on ralentit artificiellement leur chorégraphie. Ce corps libéré de toutes contraintes, c'est celui des dieux dans de nombreuses mythologies, y compris dans la religion chrétienne qui évoque le corps « glorieux » du Christ après sa résurrection. Ces images ne seraient que des images si quelques réalités et quelques mots d'ordre ne les rapprochaient pas de nous.

D'abord, elles circulent, à la vitesse de la lumière, et leur omniprésence dans le monde – par exemple sur l'écran des télévisions installées dans les aéroports ou les avions – montre assez qu'elles sont une expression du rétrécissement de l'espace et de l'accélération du temps qui caractérisent notre époque. Elles ont donc, de ce point de vue, une valeur emblématique : ce sont des images de notre temps, de ce fait implicitement normatives. En outre nous les recevons (j'allais dire : les consommons) dans la solitude du spectateur passif, devant notre écran ou lorsque nous feuilletons plus ou moins distraitement un magazine. Elles s'adressent à nous singulièrement et, dans cette mesure, nous incitent à rentrer le ventre ou à affecter la décontraction qui prélude à la performance.

Quelques réalités, en outre, les sous-tendent (comme le montrent les résultats des épreuves sportives de tout genre et, par exemple, des jeux Olympiques). Si les athlètes noirs américains sont si impressionnants et accomplissent des performances en générales supérieures à celles de leurs homologues d'Afrique Noire, leur régime alimentaire, leur cadre et leur mode de vie, leurs méthodes d'entraînement y sont pour quelque chose. On sait, de façon générale, qu'il y a des différences de taille significatives selon les appartenances de classe.

Enfin, nous sommes explicitement invités par toutes sortes d'instances à ne pas fumer, à ne pas boire, à surveiller notre alimentation. Il ne s'agit là que de notre santé, mais de nombreuses publicités (pour les eaux minérales, les produits amincissants, etc.) nous offrent des traductions esthétiques de ces régimes de santé : les corps sveltes et légers comme des bulles d'air qu'elles nous présentent font le lien entre notre misérable pesanteur terrestre et les héros du petit écran. Certes, nous avons l'évidence, chaque jour, des misères du corps, et les images des corps maltraités, dénutris ou au contraire suralimentés ne sont pas absentes des médias. Mais le corps « glorieux », justement, devient l'idéal à atteindre pour ceux qui ne veulent pas basculer dans le camp des plus pauvres ou dans celui des insouciants.

À cette « élite », l'élite de ceux qui peuvent être actifs dans le système marqué par le surdéveloppement des moyens de circulation et de communication et l'individualisation de la consommation, il importe d'obéir le mieux possible aux mots d'ordre de vitesse et d'accélération qui sont ceux de nos sociétés. L'ubiquité et l'instantanéité ne sont pas tout à fait des réalités (comme elles semblent l'être dans certains mythes, certains contes et, aujourd'hui, dans les films de science-fiction), mais il convient de s'en approcher. Faute de posséder un corps glorieux, insensible à la pesanteur et aux contraintes de l'espace, les individus qui le peuvent vont recourir à l'assistance des technologies.

Les technologies jouent un rôle dans l'établissement des performances et dans le domaine spécialisé du sport : les skis, les chaussures, les combinaisons de courses – en athlétisme et en natation – font gagner des fractions de seconde. Mais, en dehors de ce domaine spécialisé, il faut bien constater que le corps humain est de plus en plus assisté, équipé d'instruments qui augmentent son rayon d'action et fonctionnent à la manière de prothèses. Le téléphone mobile, qui deviendra demain un véritable ordinateur, permet, en principe, de communiquer de n'importe où avec n'importe qui ; des micro-ordinateurs portables amplifient encore ces possibilités et étendent le champ de la communication individuelle au monde entier.

L'équipement du corps pourra demain aller plus loin : des microprocesseurs incorporés le rendront capable de performances inédites (que la science-fiction a anticipées) pour l'aider à faire la guerre ou à conquérir l'espace. Toutefois, dans ce monde de la mobilité, les corps sont souvent assignés à résidence. Un journaliste peut travailler à partir de banques de données et d'informations collectées sur le Net par des groupes spécialisés. Le télétravail est une réalité. Assigné à résidence, le corps sédentaire est de plus en plus éloigné du corps glorieux dont ses écrans lui proposent occasionnellement l'image. C'est au prix d'un investissement assez lourd dans les techniques de communication que l'individu peut s'approcher de l'idéal d'instantanéité-ubiquité qui est celui des sociétés actuelles ; en outre, une partie au moins de cet idéal (l'ubiquité) reste relative (seule l'image peut être simultanément présente en plusieurs endroits).

Le corps assisté est donc condamné à une certaine frustration : pris dans un système, il n'en est qu'un élément. Son assignation à résidence ou le fait qu'il puisse être joint n'importe où n'importe quand le ferait plutôt apparaître comme un corps asservi dont les capacités sont utilisées par d'autres. Les images du corps glorieux impressionnent le corps assisté mais la fiction va plus loin que la réalité, comme il est normal, et les capacités de déplacement instantané dans l'espace et dans le temps spectaculairement mises en images par les effets spéciaux du cinéma soulignent par contraste les lourdeurs du corps réel assisté par ses prothèses.

Nous voici ramenés aux réalités du corps et amenés à nous demander comment elles sont perçues aujourd'hui.

On peut appréhender le corps selon deux points de vue. Tout d'abord il est la source, mais aussi l'objet d'événements. Sa venue au monde, mais aussi sa mort sont des événements. Sa transformation (puberté, vieillissement), ses accidents (maladies, traumatisme) sont des événements. Un anthropologue se doit d'attirer l'attention sur un fait : presque tous les événements du corps ont une traduction sociale, parce qu'ils mettent en jeu, ou en cause, d'autres corps et d'autres individus. Dans les villages africains où j'ai travaillé, l'observation du corps jouait un rôle essentiel : car il y était conçu comme un émetteur de signes qu'il fallait savoir interpréter, grâce à une grille symbolique connue de tous mais dont certains spécialistes jouaient avec plus de virtuosité que les autres. Le problème, problème social, c'était que l'interprétation de la maladie, de la faiblesse ou de la mort, dans ces conditions, mettait en cause d'autres individus et d'autres corps. La relation à autrui est toujours présente dans le corps individuel, dont l'évolution et les accidents sont, dans toutes les sociétés du monde, interprétés. Une grande partie de l'activité rituelle est concernée par le corps individuel. Éventuellement, ce lien du corps individuel au corps social s'inscrit à même le corps (circoncision, excision, scarification...), signifiant du même coup l'identité individuelle et la relation aux autres, il faudrait dire : par la relation aux autres.

La notion d'événement, s'agissant du corps, est ambivalente, voire ambiguë, car, si le corps est un support et un objet d'événements (événement lui-même, en quelque sorte), il peut aussi susciter des événements : il se déplace, il copule, il attaque, se défend. Mais ces comportements du corps sont le plus souvent encadrés par des règles étroites (règles de résidence, d'alliance matrimoniale, de guerre) par rapport auxquelles ils sont appréciés et interprétés – objets, donc, une fois encore, de procédures d'interprétation. Du corps événement au corps objet, la différence est donc mince.

Le corps est en effet souvent malmené, manipulé, à l'occasion d'événements sociaux qui le prennent strictement pour objet (par exemple, quand on procède à des initiations) ou à l'occasion desquels il est utilisé (changements de saison, interrègne). Ces « utilisations » sont de divers ordres : elles peuvent jouer avec la division des sexes, faire jouer par des hommes le corps des femmes ou inversement, symboliser le désordre pour rappeler à l'ordre ; elles peuvent aller jusqu'à la mise à mort du corps – corps du roi vieillissant ou de l'esclave substitut du roi.

Car, pour signifier la puissance du chef ou du roi, il est arrivé qu'on lui attribuât, de son vivant, un double corps – le corps de l'esclave double du roi détournant sur lui, du fait de cette duplication, les attaques éventuelles des ennemis de celui-ci. Il ne faudrait pas forcer beaucoup les choses pour voir une transposition plus démocratique de cette institution dans nos exécutifs à deux têtes : Président de la République et Premier ministre, ou Président encore en exercice et Président déjà élu comme aux États-Unis. Dans tous les cas, nous ne pouvons pas ne pas être sensibles au malaise général qu'inspire la maladie d'un chef d'État en fonction.

Qu'en est-il donc aujourd'hui du corps événement et du corps objet ?

Tous les progrès de la médecine et des techniques tendent à la disparition du corps événement. Pour conjurer l'apparition de la vieillesse et aider le corps à masquer ses infirmités ou sa décrépitude les techniques sont innombrables. Les lentilles de contact améliorent la vue en changeant l'éclat ou la couleur des yeux ; la porcelaine garantit au sourire une éternelle jeunesse. On tire la peau pour s'attaquer aux rides. La naissance est plus sûre, l'accouchement moins douloureux, moins périlleux ; le temps n'est peut-être pas très éloigné où les femmes seront affranchies de la charge de porter leur enfant, confié à un utérus artificiel. La technique des greffes a fait des progrès spectaculaires ; le clonage offre des perspectives vertigineuses et à certains égards inquiétantes, il sera peut-être un jour utilisé pour pallier des déficiences du corps et lui fournir des pièces de rechange. L'exploration génétique entend favoriser la médecine prédictive et éliminer les risques de maladies héréditaires. On souffre et l'on meurt toujours, mais les techniques de soin limitent la souffrance et reculent la mort – dans les zones les plus technologiquement équipées de la planète, bien entendu.

Conjurer l'événement, le maîtriser, maîtriser le corps pour maîtriser l'événement : tel serait donc l'idéal des sociétés contemporaines. Idéal dont nous pouvons *a contrario* mesurer l'importance sur les nouvelles peurs paniques que nous inspirent les nouvelles formes d'épidémie. Le sida a marqué, de ce point de vue, un tournant dans notre sensibilité (au moment où semblait s'écrouler notre capacité à lutter contre les agents infectieux, en l'occurrence un rétrovirus). Mais plus révélatrice encore est sans doute la toute récente panique concernant la vache folle. Tout se passe comme si nous avions du mal à supporter l'idée que nous n'avons pas la maîtrise totale de notre santé, la maîtrise totale de l'événement et du corps. Tout se passe comme si, devant l'évidence de cette absence de maîtrise totale, nous cherchions à l'événement malheureux non seulement des causes, mais des responsables, comme dans les sociétés villageoises africaines d'hier : les dossiers médicaux deviennent des affaires judiciaires. Apparaît ici un autre paradoxe : plus l'événement est maîtrisé, prévu, canalisé (ce qui correspond, en un sens, à un degré de liberté supplémentaire des hommes), plus le corps est considéré comme un objet auquel on peut ajouter ou retrancher des éléments, un objet qui peut fournir lui aussi des pièces de rechange – la forme ultime de l'objet étant le cadavre sur lequel divers organes vitaux peuvent être prélevés pour vivre dans un autre corps et permettre à celui-ci de survivre. Mais le paradoxe s'exprime aussi particulièrement dans le sport – si important dans notre société d'images lorsque le corps qui s'approche le plus spectaculairement du corps glorieux, le corps de l'athlète aux performances impensables, se révèle tributaire des produits qui le dopent. Ce corps qui fait l'événement est finalement le plus médicalisé, le corps objet par excellence, mais ce n'est pas pour sa survie, ou pour celle des autres (au contraire les traitements qu'il subit sont une menace pour lui) : c'est pour l'illusion partagée d'échapper à la pesanteur et à la terre, c'est-à-dire – ultime paradoxe – au corps lui-même. Le sport, après les nouvelles peurs paniques qui nous assaillent, c'est sans doute la grande désillusion de demain. À la lumière de ce paradoxe (qui veut que la défense de la vie passe par la substitution du corps objet au corps événement, mais aussi que l'image du corps glorieux se mue si aisément en son contraire) on peut mieux mesurer un autre paradoxe de notre temps : la coexistence de recherches, difficiles et onéreuses, qui prétendent expulser autant que possible l'événement du corps individuel, pour protéger et prolonger sa vie, et de la mort incontrôlée dans le monde du fait des violences, mais aussi de la misère et de la maladie. Ces morts, ces cadavres dont l'image apparaît de temps en temps sur nos écrans, ce sont des événements. Une utopie planétaire ne sera concevable que du jour où nous réussirons à faire de ces événements l'objet premier de nos préoccupations. Ces préoccupations s'esquissent aujourd'hui, mais elles ne prendront de l'ampleur que si, renonçant aux fantasmes contradictoires du corps glorieux, en n'oubliant pas que les images sont des images et les moyens des moyens, nous nous souvenons que le rapport à autrui, le lien social, le lien symbolique, passe avant tout, loin des images et des simulacres, par la relation entre les corps.

Le culte de la jeunesse corporelle, qui sévit aujourd'hui, fait l'objet de critiques diverses. La première attire l'attention sur l'inégale situation des humains et elle est irréfutable : une partie du monde s'applique à rester jeune le plus longtemps possible, alors que, dans une autre partie du monde, se pose la question de la survie, de la malnutrition, de la famine et de la mortalité infantile. Les autres sont plus ambiguës ; elles relèvent soit d'une sagesse traditionnelle qu'on trouve déjà chez les Anciens et chez Montaigne (en gros : à quoi bon refuser l'inéluctable, vouloir paraître ce qu'on est pas ?), soit d'un sentiment plus ou moins religieux de scandale ou de transgression (a-t-on le droit d'aller contre l'ordre naturel ou divin ?). Le plus intéressant est sans doute ailleurs : dans l'intuition (à mon sens païenne) qu'il n'y a pas d'autre vie, ni, bien entendu, d'autre jeunesse, que celle du corps. Cette intuition serait refusée ou déniée par beaucoup, mais elle commande toute l'évolution occidentale. Le naufrage de la vieillesse, la maladie d'Alzheimer (qui, défaisant un à un les souvenirs de la relation aux autres, défait irréversiblement le sens de l'identité), l'horreur des hospices nous persuadent aisément que nous n'existons pleinement comme personnes que socialement et que cette existence sociale est tributaire de notre corps. L'inégalité dans le monde, c'est aussi et avant tout celle des corps.

L'ÉVÉNEMENT

Il se passait toujours quelque chose dans les villages alladian, malgré l'apparence tranquille de leurs rues sablonneuses et la nonchalance dont témoignaient les hommes aux heures les plus chaudes de la journée quand ils s'étendaient à l'ombre des cocotiers du bord de plage, non sans avoir auparavant mesuré d'un coup d'œil, dont la sagacité m'enchantait, la position et le degré de maturité des noix pour éviter toute mauvaise surprise.

C'est bien parce que des événements survenaient, plus ou moins importants, qu'une occasion m'était donnée d'observer et de me faire commenter les cheminements et la logique de l'interprétation et du diagnostic. Deux remarques peuvent être faites à ce propos. La première, c'est que les événements d'ordre biologique (naissance, mort, maladie, stérilité) ou météorologiques (sécheresse, tourmente) sont en quelque manière paradigmatiques : il est impératif de les interpréter (d'en chercher les causes ou la signification) pour les prévenir ou en maîtriser les effets. J'ai proposé à ce propos l'expression « formes élémentaires de l'événement[5] » (manifestations physiques ou biologiques auxquelles est imputée une cause sociale). La seconde remarque, dans le prolongement de la première, c'est que l'interprétation constitue à certains égards un effort pour annuler l'événement. Interpréter l'événement, en effet, c'est l'insérer dans une chaîne de causes et d'effets qui relève de ce que la cosmologie locale (dont l'idéo-logique relève) considère comme l'ordre naturel des choses. C'est donc en faire une manifestation structurale, attendue, le contraire de ce qui serait imprévisible et dangereux, pure contingence ou pur hasard.

Ainsi s'explique le fait, à première vue paradoxal, qu'on ne ritualise rien tant que les événements parfaitement prévisibles, comme le retour des saisons. Il est impératif que l'événement attendu – le non-événement en quelque sorte (la saison des pluies ou la saison sèche) – se produise à l'heure dite : le retard en ces matières peut avoir des conséquences graves, surtout dans les sociétés agricoles. Le rite a donc pour objet et pour fin la non-survenue de l'événement malheureux que constituerait un tel retard. En ce

5. Marc Augé et Claude Herzlich (éd.), *Le Sens du mal*, Paris, Éditions des archives contemporaines, 1983.

sens, l'anticipation rituelle lutte contre l'événement. S'il se produit quand même, il ne reste plus qu'à l'interpréter, c'est-à-dire à le réinsérer dans un ordre compréhensible ; interpréter l'événement, c'est essayer de l'escamoter. Ainsi, dans plusieurs groupes africains, un interdit fort porte sur le fait de faire l'amour en brousse, en pleine nature. Cet interdit s'explique non par des raisons morales qui n'auraient en la circonstance aucun sens, mais par des raisons physiques : le sperme comme la terre sont des substances chaudes, la chute de sperme sur la terre peut entraîner un excès de chaleur et la sécheresse. Cette « théorie » n'a pour intérêt que de proposer un schéma explicatif utilisable en cas de sécheresse prolongée pour fournir de celle-ci, éventuellement, une explication « naturelle » qui fasse référence à l'ordre des choses.

L'expression déjà citée : « Il y a plus d'une cause à la mort d'un homme » relève de cette logique anti-événementielle. La mort d'un individu, si âgé soit-il, doit être « expliquée ». Plusieurs explications sont possibles *a priori* qui toutes rabattent l'événement sur la structure, font de la mort comme événement, si imprévu soit-il, une expression de la structure sociale. L'individu qui meurt peut être victime d'un acte d'agression venu de son propre lignage (c'est l'hypothèse première de la « théorie de la sorcellerie ») ou d'une contre-attaque de celui qu'il a lui-même agressé en présumant de ses forces ; il peut être victime d'une malédiction venue de son père ou du matrilignage de son père ; il peut encore être victime d'un « échange de crimes » tel que celui évoqué par Hitchcock dans *L'Inconnu du Nord-Express*, car les « sorciers », les hommes ou les femmes d'*ãwa*, peuvent se rendre le service d'œuvrer dans leur propre lignage pour le compte d'un autre. De l'interrogation du cadavre à différentes formes de confirmation du diagnostic, ces diverses hypothèses (toutes vraisemblables parce qu'elles reposent sur des observations très concrètes du comportement, des relations et des intérêts des uns et des autres) peuvent être testées et éventuellement substituées l'une à l'autre en fonction de l'évolution de la situation et des rapports de force qu'elle traduit. Mais le diagnostic définitif s'insère en fin de compte dans une interprétation globale, une mise en récit du passé qui en exclut toute aberration, tout illogisme et tout arbitraire. C'est le sens de l'épisode des funérailles : elles n'ont lieu, parfois bien après l'enterrement, que lorsque l'enquête *post mortem* a été conduite jusqu'au bout. Et c'est alors une véritable scène de théâtre (chacun y interprète son propre rôle, le mort est représenté par quelqu'un du matrilignage de son père) qui se joue sous le regard des villageois pris à témoin du dénouement de l'affaire.

Ce qui m'a frappé plus que tout, dans les « affaires » traitées par les « prophètes-guérisseurs » ivoiriens ou les prêtres des *vodún* au Togo, c'est l'intensité de l'observation psychologique : les conflits sous-jacents à la vie sociale ont, comme partout, des motifs très réalistes – l'intérêt économique, le prestige, l'autorité. Quelles que soient les références symboliques utilisées

(« sorcellerie », *vodún*, relations de filiation ou d'alliance matrimoniale), les tensions qu'elles mettent en forme sont réelles et finement analysées : la symbolique sociale, qui, pour une part, est à l'origine de ces tensions, parce qu'elle définit les droits, les devoirs et les intérêts, en est aussi la traductrice ; elle leur fournit un langage qui permet de ne pas dissocier le destin des individus des relations qui les définissent socialement. C'est pourquoi un certain nombre de distinctions proposées par l'anthropologie religieuse (religion/ magie/sorcellerie) ou par l'anthropologie dite « médicale » (médecine empirique/médecines magiques ; étiologie sociale/étiologie naturelle) m'ont toujours paru peu pertinentes en ce qu'elles ne rendaient pas compte du matérialisme immanent, absolument étranger à tout dualisme, qui inspire les phénomènes dont elles prétendent rendre compte.

La médiation

Les dieux africains, ceux que j'ai observés au Togo et ceux dont on m'avait parlé en Côte-d'Ivoire, sont avant tout des médiateurs. Mais non pas, comme on l'a trop souvent et trop vite écrit, des médiateurs entre les hommes et le « surnaturel ». La coupure naturel/ surnaturel n'appartient pas aux langues africaines. Les dieux seraient plutôt le résultat d'une hypothèse matérialiste sur la nature du réel. Ils sont avant tout conçus comme des médiateurs entre les hommes : le dieu est l'objet de rites, mais l'efficacité des rites se lit et se mesure toujours sur un être humain, sur un corps humain – celui qui accomplit le rite ou celui que le rite vise. Au Togo, il m'apparut bien vite que le pouvoir des dieux, des dieux-objets qui multipliaient à l'envi les implantations de l'être mythique dont ils partageaient le nom, était un pouvoir de nature énergétique, dangereux à manipuler comme peut l'être une bombe ou une substance radioactive. Les dieux africains m'évoquaient les dieux grecs dont Vernant avait écrit qu'ils étaient davantage des « puissances » que des « personnes » ; ils partageaient d'ailleurs avec eux bien d'autres traits. Souvent doubles, ils s'ajoutaient les uns aux autres pour composer une figure polymorphe et polyvalente. Ils pouvaient aussi être sexuellement ambivalents ou encore, comme Apollon, incarner à la fois le mal et le remède.

Si l'on se rappelle le caractère matériel et composite des objets dieux (que l'on peut alimenter, recharger, manipuler ou éventuellement détruire), on admettra facilement qu'ils définissent, avec les hommes qui s'en servent pour gérer leurs relations et maîtriser l'événement, un monde pleinement immanent où nulle surnature ne se distingue radicalement de l'humanité. La médiation entre les humains est donc la fonction des dieux ; les humains s'épuisent à essayer de percer leurs intentions réciproques ; ils s'inquiètent des morts et des vivants, des événements dont ils leur imputent l'origine, du sens du passé et des menaces de l'avenir. Agir sur les dieux, c'est essayer d'influer sur les relations entre les hommes : l'interprétation et la prévention sont des stratégies pour préserver le présent en maîtrisant le sens des relations passées ou à venir. Cette maîtrise passe par l'exercice rituel et par les phénomènes plus ou moins organisés auxquels il donne une forme et une signification sociale en les rendant « médiateurs ». Ces phénomènes-médiations sont à la fois individuels et collectifs, naturels et culturels ; on en distinguera, par ordre apparemment croissant d'organisation collective, trois modalités : le rêve, la possession et le spectacle.

Le rêve et la possession sont deux catégories relativement proches, qui ne peuvent se comprendre, dans les cultures où on les étudie, qu'en tenant compte des « théories » de la personne qui y correspondent. Le possédé donne souvent l'impression de vivre un « rêve éveillé ». Le rêve et la possession, pourtant, se distinguent l'un de l'autre comme la mémoire de l'oubli. On a d'ailleurs pu être tenté d'opposer des sociétés du rêve (les Amérindiens) à des sociétés de la possession (l'Afrique Noire). Cependant dans toutes les sociétés le rêve a un statut social particulier et des formes de possessions sont attestées, notamment en Afrique et en Amérique.

Dans les sociétés où les rêves sont systématiquement interprétés, on suppose nécessairement une continuité entre la vie de rêve et la vie de veille. C'est le cas en Afrique occidentale où, comme nous l'avons vu, une des « instances » psychiques, celle qui voyage en rêve, est aussi celle qui peut « voir », observer, rencontrer ses homologues pendant le rêve. L'homme fort est aussi l'homme « clairvoyant ». Un des attributs de la clairvoyance, c'est la capacité de bien rêver, c'est-à-dire de se souvenir clairement de ses rêves.

Le développement de cette capacité peut avoir une importance vitale (rappelons-nous le rêve « cannibale » de celui que les « sorciers » tentent de recruter). Voir clair dans ses rêves est important. Mais le clairvoyant de profession et de vocation voit dans ses rêves et dans ceux des autres. Il voit aussi, lors de la vie de veille, les « instances » que les autres ne peuvent voir qu'en rêve : non pas le surnaturel, mais plutôt le surréel, les ombres et les intrigues de la « vie en double » qui tisse les rêves de la nuit mais fait aussi la trame secrète de la vie diurne.

Changeons de continent. Le shaman amérindien est un rêveur professionnel. Il « voyage » (en rêve) pour négocier et guérir, par exemple pour négocier avec des morts le retour (à la vie) d'un individu qu'ils ont retenu alors qu'il s'était égaré (en rêve) chez eux, ce qui se traduit dans le monde des vivants par son abattement, son exténuation : c'est comme s'il n'était déjà plus là, comme nous disons parfois. Quand le shaman revient (au réveil), il apporte des nouvelles du monde des dieux, des ancêtres et des morts. Bien entendu, le shaman est aussi habile à décrypter les rêves des autres, pour autant qu'ils s'en souviennent : il connaît bien le pays où ils s'aventurent chaque nuit. Le rêve du shaman n'est pas toujours un rêve du sommeil ; il peut être induit (notamment par la consommation de certains produits) et s'apparente alors à une sorte de rêve éveillé.

En Afrique comme en Amérique, le rêve est informé, modelé par une cosmologie préexistante, une symbolique qui commande et ordonne les rapports de force et de sens. Le rêve est donc conçu comme donnant une information qu'il faut savoir recueillir et interpréter sur l'état des relations entre les uns et les autres.

À l'inverse du rêve, la possession doit s'oublier. Celui qui a été possédé ne doit pas se rappeler le détail de cet épisode. Cette obligation est logique, puisque la puissance possédante se substitue ou se surimpose à la personne dont elle emprunte le corps.

Cette puissance possédante, ce peut être un dieu d'un panthéon précisément constitué. Ainsi au Togo y avait-il des *vodún* qui « prenaient » et d'autres qui ne « prenaient » pas. Mais ce peuvent être aussi des « esprits » divers (par exemple les cabocles du Brésil) ou même des personnages historiques et de l'actualité, comme Jean Rouch en a fait voir dans *Les Maîtres fous* et comme on peut en voir dans le cas du culte de Maria Lionza au Venezuela, où Bolivar mais aussi d'autres morts plus récents, qui se sont illustrés par leurs exploits ou leurs méfaits, « descendent » et possèdent le corps de leurs fidèles.

Il y a un théâtre de la possession. Elle est toujours regardée par un public nombreux et intéressé. La possession est plus ou moins discrète ou spectaculaire. Mais elle entraîne parfois un véritable travail d'acteur :

le corps du possédé mime un personnage connu pour ses attributs physiques ou caractériels. Parfois (c'était le cas dans les phénomènes que j'ai observés dans certaines cérémonies du culte de Maria Lionza, très marquées par l'environnement social et politique), la personnalité possédante, Bolivar par exemple, peut haranguer vigoureusement le public par le truchement du possédé dont il transforme la voix et métamorphose le corps.

Si le possédé doit en principe oublier l'épisode de la possession – ce qu'il a dit, ce qu'il a fait, ou plutôt ce qu'un autre est supposé avoir dit ou fait en lui empruntant son corps –, il connaît, bien entendu, sa condition de possédé potentiel, il connaît les puissances qui le hantent et dont la présence et l'appel ont été détectés par des spécialistes. Ceux-ci sont de fins observateurs et n'effectuent pas au hasard la distribution des rôles. Un des informateurs de Leiris, chez les Éthiopiens de Gondhar où les puissances qui « chevauchent » les hommes lors de la possession sont appelés *Zar*, lui avait déclaré : « Le zar ressemble à son cheval. » Ainsi s'explique que la possession puisse être conçue comme un surplus d'identité. Le rapport entre le possédé et le possesseur n'est pas d'extériorité absolue, bien au contraire. Ici encore le dualisme n'est pas de mise. Et cela éclaire le fait que la possession soit aussi regardée comme un spectacle plus ou moins bon : le bon possédé, celui qui se livre complètement à la puissance qui le « prend », le « monte », le « chevauche » (les métaphores cavalières et sexuelles sont ici plus que des métaphores), est aussi celui qui joue bien son rôle, qui s'identifie à son personnage. La question de savoir si les possédés « simulent » est un faux problème, tout comme celle de la plus ou moins grande « authenticité » de la possession. L'être et le jeu ne s'opposent pas et lorsque, dans les cérémonies du candomblé et de l'umbanda, au Brésil, les spectateurs, qui sont aussi en majorité des participants, éclatent en applaudissements au moment où une femme est prise par son cabocle, ils apprécient à la fois l'intensité du moment, la qualité du jeu et la perfection du rite.

Le rêve et la possession font partie d'un ensemble de pratiques rituelles qui ont toutes pour objet les relations entre les uns et les autres, de pratiques médiatrices. C'est pourquoi ils sont affectés par l'irruption du grand Autre, c'est-à-dire, selon les contextes, le colonisateur ou le représentant du monde développé, de l'administration et de la ville plus ou moins lointaine. Dans les années soixante, en pays alladian, on employait le même mot, *gãgã*, pour désigner les Blancs, quels qu'ils fussent, et les représentants du gouvernement, en premier lieu le sous-préfet.

La troisième modalité de la médiation est le spectacle. Le spectacle, la mise en scène, est le recours et la ressource principale de ceux que, en Côte-d'Ivoire, on appelle « prophètes » ou « prophètes-guérisseurs ». Certes, tout rite passe par une mise en scène, une organisation de l'espace et du temps. Le rite, en outre, s'adresse aux sens, à tous les sens, et c'est même là un des ressorts de son efficacité. Pierre Verger a évoqué le traitement physique intense, dur, exténuant que subissaient les initiés à tel ou tel *vodún* du golfe de Bénin et le rôle qu'y jouait l'imprégnation du corps par les odeurs, les goûts et les sons. Il a noté tout particulièrement l'émotion quasi proustienne que suscitait chez les anciens initiés à un *vodún* la frappe de tambour qui lui était associée, lorsqu'ils avaient, des années plus tard, l'occasion de la réentendre.

Mais le spectacle prend une certaine autonomie, n'est plus associé à des phénomènes de rêve ou de possession, dans certaines situations de crise. La crise entraîne souvent des phénomènes de mimésis sans possession auxquels on a réservé le nom de « rituels d'inversion ». J'ai un peu discuté cette expression dans *Pouvoirs de vie, pouvoirs de mort*, car l'inversion des rôles, quand les femmes jouaient les hommes ou les esclaves les rois, me semblait passer par une forme de caricature « perverse ». C'est Deleuze qui, dans sa post-face au *Vendredi* de Michel Tournier, parlait de « désobjectivisation perverse » et de disparition de l'Autre à propos de moments où « ni la victime ni le complice ne fonctionnent comme des autrui ». Le spectacle, sans rêve ni possession, traduit une sorte de désarroi devant le monde « pervers », ce monde « où la catégorie du nécessaire a complètement remplacé celle du possible » (Deleuze). L'inéluctabilité du pouvoir des hommes sur les femmes, des rois sur les esclaves, rend en quelque sorte dérisoire (et, au-delà, pervers) le jeu de rôles où personne ne se retrouve. Non que la lucidité soit absente des « rites d'inversion ». Bien au contraire, la caricature d'un sexe par l'autre peut être cruelle et nous savons bien que le fou du roi peut lui dire ses quatre vérités. Il n'empêche : dans les moments d'inversion, qui sont le plus souvent des moments de crise (épidémie, sécheresse, mort du roi et interrègne), c'est la médiation qui saute, le fait brut qui s'énonce et des solitudes qui s'affichent. Ce pur spectacle ne dit plus la relation mais son impossibilité – ou la menace qui pèse sur elle.

Les prophètes apparaissent en Afrique de façon presque simultanée (en Afrique du Sud, au Congo, en Côte-d'Ivoire) quand devient évidente la présence d'un Autre avec lequel la médiation symbolique se révèle impossible. On sait ce qui remplace la médiation symbolique : c'est la violence, le pur rapport de force. Et cet affrontement se produit sporadiquement au moment de la colonisation. Mais le rapport de force est inégal et l'idée de s'approprier le secret de la force blanche taraude l'imaginaire noir. Les prophètes expriment cette fascination et les spectacles qu'ils mettent en scène sont une ultime tentative pour échapper à la violence. Par parenthèse, cette tentative prophétique ne se limite pas à la période coloniale et peut-être faut-il voir plus qu'un hasard ou une coïncidence, en Côte-d'Ivoire, dans le fait que la disparition des derniers grands prophètes du XXe siècle ait été suivie d'une flambée de violence et d'une guerre civile sans précédent.

Le prophète se présente comme le médiateur absolu. Il entend tenir les deux bouts de la chaîne, représenter les deux termes de la médiation, le colonisateur et le colonisé, l'administrateur et l'administré. Le drame de l'histoire se joue dans sa personne, et c'est pour cette raison qu'il la met en scène comme se mettent en scène les acteurs des rites d'inversion-perversion. Il fait brûler les « fétiches », les anciens médiateurs, pour leur substituer sa propre médiation. Il crée une médiation symbolique avec les colonisés (plus tard les administrés), médiation qui est évidemment à la mesure de son influence locale, plus ou moins étendue ; mais cette médiation n'a de sens et le prophète n'est le représentant de ceux qui viennent le trouver que dans la mesure où il réussit à établir aussi une médiation avec le colonisateur (ou, plus tard, avec les autorités nationales). Son problème, c'est que cette dernière médiation reste imaginaire.

Comme Janus, le prophète a deux visages. Vis-à-vis de ses administrés, il est un substitut de la nouvelle autorité ; il la joue ou la fait jouer par son entourage dans ce qu'elle a de plus visible et de plus caricatural. Vis-à-vis de l'autorité, il met en scène quelque chose qui ressemble à ce qu'elle peut imaginer de l'Afrique et de la force noire : un personnage outrancier, caricatural dans la mesure où il essaie de lui emprunter certains de ses signes, mais mystérieux et vaguement menaçant, dans la mesure où il incarne une revendication qui le dépasse et n'a pas, localement, d'autre expression que la sienne. Pour l'essentiel, cette médiation, cette impossible médiation, est jouée, mise en scène, interprétée comme dans les rites d'inversion-perversion. Le spectacle prophétique se place sous le signe du mimétisme. Le médecin, le prêtre et le militaire sont les trois modèles de référence. Le prophète soigne, mais il fait porter des bonnets d'infirmier à ses assistants, les fait défiler au pas cadencé, bénit ses malades et installe le portrait du pape sur la table qui lui sert d'autel. Si la référence religieuse lui vaut des ennuis, il en change. Ainsi le prophète Odjo, en pays adyukru, se fit-il « musulman », pour avoir eu trop de difficultés avec les protestants et les catholiques. L'important est dans le comportement mimétique (le jeu pervers), mais aussi dans l'affirmation incessamment réitérée par le prophète, parfois au mépris de l'évidence, que sa vérité n'est pas locale, qu'il parle pour la Côte-d'Ivoire, pour l'Afrique, voire pour les Noirs et les Blancs. C'est parce qu'il a l'intuition d'un nécessaire changement d'échelle que le prophète essaie de se rattacher à une institution universaliste. C'est en ce sens, et en ce sens seulement, qu'il instrumentalise ses références religieuses.

Bien évidemment, la position des prophètes est intenable (les plus grands d'entre eux ont été des personnages à la fois forts et tragiques, appliqués à oublier et faire oublier le passé fétichiste, à faire redémarrer l'histoire africaine en inscrivant leur propre histoire dans le mythe de l'Autre, jusqu'à, pour deux ou trois d'entre eux, se présenter comme le Christ lui-même). Il y a quelque chose de fascinant dans la longue carrière de certains prophètes, quelque chose de tragique et d'héroïque à la fois dans la mesure où les plus intelligents ont toujours été conscients des contradictions de leur situation.

Ils annoncent depuis le début du siècle un renouveau qui ne vient pas. L'histoire ne répond pas et le prophétisme bégaie. Les prophètes meurent et la vie ne change pas. Pour convaincre, les prophètes doivent rester guérisseurs, faire localement la preuve de leur force et contredire par leurs actes l'universalisme de leur discours. La guérison est la forme minimale de la prophétie, mais elle remet le prophète au cœur de l'idéologie lignagère et villageoise.

Par ces contradictions mêmes, toutefois, ces personnages nous concernent.

Le prophétisme, en effet, est une expérience limite. Dernière expérience avant violence, elle met en scène la relation, faute de pouvoir la maîtriser. Avec elle, nous entrons dans l'ère du simulacre. Le commandant, le médecin, le prêtre ou l'administrateur joués par le prophète sont à la fois vrais (comme des caricatures) et irréels. Mais ce jeu n'est que la réplique d'une autre caricature : celle des convertis, des corvéables, des malades ou des administrés par ceux qui prêchent, commandent, administrent ou règnent. Deux pantomimes se font face, et les relations qui échappent à leur caricature sont rares.

L'exemple du prophétisme m'a aidé à comprendre où se situait le véritable objet de l'anthropologie : dans la relation entre les uns et les autres telle que ceux-ci la comprennent et la mettent en œuvre. Il m'y a aidé, en quelque sorte, *a contrario*, car, si le prophète-guérisseur se présente en arbitre ou en interprète des relations sociales traditionnelles (notamment dans les diagnostics de « sorcellerie »), il les décrète, dans le même temps, obsolètes, et il s'efforce de faire valoir ce que devraient être les nouvelles relations, celles qui impliquent d'entrer dans le jeu du colonisateur ou du modernisateur. Ce qu'il met en scène, en définitive, c'est la crise de la relation, celle-là même qu'observe l'anthropologue, alors que sa seule présence, avec celle de quelques autres, en est un signe, sinon une cause. En ce sens, l'anthropologue est un peu comme un prophète, comme l'a noté Jean-Pierre Dozon[6] : il se veut des deux côtés. Pris à témoin par ceux qu'il observe, il écrit pour d'autres qu'eux : idéalement, il s'imagine établir un lien entre ceux qu'il décrit et ceux pour lesquels il écrit.

Mais il faut le croire sur parole, comme le prophète, et ceux qui le lisent, à l'exception de quelques administrateurs intéressés à l'utiliser, n'ont ni l'occasion, ni sans doute le désir de tisser quelque lien que ce soit avec ceux dont il parle. Le lien postulé par l'anthropologue reste idéal ou imaginaire, comme celui que postule le prophète entre ses fidèles ou ses patients et ceux qui les gouvernent.

Le prophétisme n'est donc que la manifestation extrême d'un mouvement qui se perçoit déjà dans le rêve et la possession, où une place est toujours faite aux nouveaux venus, personnages historiques, personnalités politiques, vedettes de la télévision, bandits de

6. Jean-Pierre Dozon, *La Cause des prophètes*, Paris, Seuil, 1995.

grand et de petit chemins qui, en Amérique latine, rejoignent dès qu'ils sont morts le panthéon des puissances du candomble, de l'umbanda, de la santeria ou de Maria Lionza et s'emparent comme elles des corps humains, les « possèdent », pour leur faire dire l'histoire, l'actualité et leurs perversités.

Le prophétisme nous aide à comprendre ce qu'est une image : il met en scène des images quand il ne peut plus percevoir les personnes. Le médecin, le sous-préfet, le commandant, le colon sont des images ; il les fait mimer (d'autres en font des statues). L'Afrique, on l'a vu, est pourtant composée d'un ensemble de groupes humains qui ont tous élaboré des conceptions raffinées de la personne et de ses diverses composantes. Pour eux, l'individu humain est une somme d'éléments qui lui préexistent et lui survivent, mais qu'il rassemble de manière originale le temps d'une vie. Ce que le prophète prend en charge, et c'est pour cela qu'il se dit et se veut aussi guérisseur, ce sont les mutilés de la modernité et les proscrits de la tradition, les exilés de la ville et des villages, les malades de la relation qui cherchent un recours dans l'image que le prophète donne de lui-même.

Qu'est-ce qu'une image ? C'est le substitut à la personne. Image des Autres de l'extérieur (colonisateurs ou grands de ce monde), qui est tout ce que l'on en connaît. Image du prophète lui-même, qui se veut, comme les dieux païens, un médiateur entre les hommes mais n'est en aucun cas l'un des termes de la médiation.

Or, ce que l'on peut se demander aujourd'hui, c'est si l'Occident n'est pas en train de se coloniser lui-même par le jeu de l'image. L'image de l'autre, aujourd'hui, se substitue de plus en plus au souci de le connaître et de l'identifier comme personne. Le tourisme, la publicité, la télévision, les nouveaux modes de communication substituent l'image et l'illusion de croire connaître à la connaissance ou à l'effort de connaître. Nous voyons apparaître chaque jour (sur nos écrans, nos murs, ou nos journaux) des visages familiers, qui nous sourient ou nous admonestent, qui nous concernent, à l'évidence, puisqu'ils parlent du monde où nous vivons, et que nous reconnaissons sans rien en connaître vraiment. Le jeu des images conforte encore notre illusion en nous proposant des images d'images : des caricatures, des marionnettes, qui, nous faisant rire par leurs traits appuyés, nous persuadent par là que nous avons une vraie connaissance des originaux.

Le journaliste apparaît sur l'écran de télévision. Il me regarde sans me voir. Mais ce n'est pas moi qu'il regarde : ce sont des milliers ou des millions d'autres. Je le vois, des milliers ou des millions d'autres le voient, mais ce n'est pas lui que je regarde, que les autres regardent : c'est son image, reproduite à des milliers ou des millions d'exemplaires. Il y a, en somme, erreur sur la personne.

La question se pose, on y reviendra, de savoir si la colonisation n'a pas été la première étape de la mondialisation, la première étape d'une histoire qui, loin de s'achever, commence à peine, celle de la planète. La question se pose de savoir si nous ne sommes pas tous, aujourd'hui, pris dans une même histoire menacée par la mise en image des personnes. Rétrospectivement, on s'apercevra peut-être que les anthropologues ont décrit chez les autres une aliénation à l'image qui préfigurait leur propre destin, même s'il est vrai que leur propre histoire n'était pas étrangère à cette aliénation. Les anthropologues parlaient d'eux-mêmes et de leur monde bien avant d'aller étudier les grands ensembles et les entreprises. Ils auraient pu dire de leurs objets d'étude ce que Flaubert disait de Madame Bovary (« Madame Bovary, c'est moi ! »), à condition de préciser que c'était pour le meilleur et pour le pire, pour le présent et l'avenir.

Telle est bien, à mon sens, une des « leçons » de l'Afrique. J'en perçois deux autres, qu'il est peut-être opportun d'évoquer d'ores et déjà, car elles ont à voir avec les prophétismes.

La première, c'est que les protestations ou les interprétations locales ont toujours besoin de relais institutionnels qui leur donnent une portée plus large. Le sous-commandant Marcos a cru que les médias lui fourniraient ce relais, mais la force des médias trouve peut-être sa limite dans le caractère politique de la revendication : nous sommes toujours pour l'instant dans une période affectée par le discrédit des « grands récits » politiques. Les prophètes africains le cherchent du côté des religions de salut, mais ils sont trop pris dans la logique lignagère pour réussir à déterritorialiser leur message. L'Islam est aujourd'hui le plus évident des relais institutionnels à vocation planétaire, et j'ai suggéré dans mon *Journal de Guerre* que le personnage de Ben Laden avait quelque chose d'un prophète à l'échelle planétaire. Mais on ne saurait sous-estimer non plus l'expansion actuelle du protestantisme sous ses formes « américaines », le pentecôtisme et l'évangélisme. Cette expansion prendra peut-être un jour la forme d'une guerre de religion planétaire, dans la mesure où elle sera amenée à s'opposer frontalement à l'islam.

La seconde leçon, c'est que les religions sont ce qu'on en fait. Distinguer entre la « vraie » religion et ses versions « dévoyées », c'est parler en croyant, non en observateur. Certains intellectuels français ont fait preuve de beaucoup de subtilité pour discerner dans les logiques de la Révolution française les prémisses du totalitarisme soviétique. La religion devrait aujourd'hui leur proposer un magnifique terrain de réflexion : la distinction entre la version « modérée » et la vision « extrémiste » de la religion substitue la théologie à l'histoire. On peut comprendre que les catholiques ne revendiquent plus l'Inquisition mais elle n'en fait pas moins partie du christianisme, en constitue une des modalités : elle est une des virtualités de son message et une des actualités de son histoire. Le fondamentalisme, l'intégrisme font évidemment partie de l'islam aujourd'hui, au même titre que ses versions dites « modérées ».

Les prophétismes africains, comme divers autres « syncrétismes », auront esquissé en définitive quelques

« figures libres », quelques improvisations plus ou moins acrobatiques, quelques compromis entre les paganismes territoriaux et les religions de salut universalistes. Une hypothèse terrifiante, mais d'ores et déjà crédible, serait qu'à l'heure de la planétarisation et d'une différence sans cesse accrue entre les plus riches des riches et les plus pauvres des pauvres, l'affrontement entre les uns et les autres prenne la forme d'une nouvelle guerre des religions de salut à vocation ou prétention universelle.

Le rite comme médiation : rite et laïcité

Classiquement, un ethnologue partait ailleurs, dans un groupe lointain dont il s'efforçait d'apprendre la langue, d'analyser les institutions, les usages et les comportements. On exigeait de lui, en principe, qu'il pratiquât l'observation à distance, pour objectivité garder, mais aussi qu'il s'efforçât d'entrer dans les raisons et les déraisons de ses interlocuteurs, s'y identifiât le plus possible pour les comprendre de l'intérieur. Difficile et presque contradictoire exigence, mais qui explique la présentation des monographies ethnologiques classiques, en différentes parties et en chapitres distincts à l'intérieur desquels les sujets les plus difficiles, les plus intimes ou les plus secrets étaient abordés (des conceptions du corps, de la reproduction ou de l'hérédité jusqu'aux rituels d'initiation) pour prouver que l'auteur avait bel et bien épousé la logique et les perceptions de ceux qu'il observait.

Ce qui retiendra notre attention dans ce rappel, c'est que la religion *stricto sensu* (le panthéon et les cérémonies cultuelles dont les dieux sont l'objet) n'apparaît que comme l'un des chapitres ou, au mieux, une des parties de ces monographies. Constat qui en implique, à mon sens, deux autres : tout d'abord, aux yeux de l'observateur distancié, c'est la religion qui fait partie de la société et non l'inverse, même si, comme l'avait soutenu Durkheim, la religion représente la société, en transpose l'image ; en second lieu, l'activité rituelle, spectaculairement présente dans la vie politique, familiale, économique des groupes humains, leur est essentielle ; elle en est partie prenante et ne constitue pas du tout un simple accompagnement « religieux » à des activités profanes. Autrement dit, ce que suggère l'expérience ethnologique, c'est que la vie politique, familiale, économique est très largement indépendante de la religion, mais qu'elle est structurée par l'activité rituelle, que le rituel n'est donc pas une catégorie exclusivement religieuse.

Je voudrais souligner l'actualité et l'importance de ce débat. Laissons donc en suspens un instant la définition du rite et introduisons un deuxième terme problématique (au sens où il « fait problème ») : le terme « sens », justement. Nous évoquons souvent aujourd'hui l'absence ou le déficit de sens, et, corollairement, le besoin de sens. Que voulons-nous dire ? Plusieurs choses, me semble-t-il, et à plusieurs niveaux. Au niveau le plus général, au niveau historique, nous prenons acte, avec plusieurs philosophes, de deux disparitions ou de deux effacements partiels plutôt, car certaines traces sont tenaces : la modernité a affaibli les idéologies du passé, les mythes d'origine, et ce qui l'a suivie (certains ont parfois parlé à ce propos de « postmodernité ») aurait emporté les mythes du futur, du progrès, les idéologies de l'avenir. Sans nous prononcer sur le caractère définitif ou absolu de ces disparitions, restons-en au constat que, pour beaucoup, ni le passé ni l'avenir ne sont plus, comme objets de foi, de croyance ou de spéculation, des facteurs d'espérance, au moins comme ils ont pu l'être à certaines époques point si lointaines.

Toutefois, il faut l'avouer, nous ne vivons pas quotidiennement en pensant aux destinées du genre humain ou à l'avenir de nos sociétés. Nous vivons nos vies, marquées par des rencontres, des événements heureux, des malheurs aussi, des deuils, et c'est évidemment à toute cette vie vécue, à ces continuités et à ces ruptures, à ces bonheurs fugaces et à ces épreuves que nous aimerions bien, pensons-nous de temps en temps, pouvoir donner un sens – sans toujours être sûrs de ce que nous entendons par là.

Je voudrais maintenant essayer de préciser les deux termes (rite et sens) que j'ai utilisés d'entrée pour évoquer le malaise de certains esprits libres, laïques et non religieux, lorsqu'ils constatent que l'absence de références religieuses, dans certains grands événements de l'existence, leur donne le sentiment d'un certain manque, d'un certain vide. C'est évidemment la mort qui occupe ici la place centrale, car elle a été longtemps chez nous le monopole de la religion et fait l'objet, dans toutes les cultures du monde, de traitements rituels complexes. Nous avons tous l'expérience, *a contrario*, de la froideur, malgré les peines et la douleur, d'un enterrement sans fleurs, ni couronnes, ni discours au sortir de l'hôpital ou du funérarium ; ou encore de ces longues minutes d'attente au crématorium, encore plus insupportables lorsqu'un disque prétend rappeler les goûts musicaux du défunt ou lorsque quelques témoignages, quelques interventions banales, forcément banales malgré l'intensité des sentiments, tentent de tracer son portrait en attendant la fin de la crémation. Certains, devant ce vide un peu angoissant, se prennent à regretter les fastes de la religion, de la liturgie catholique en particulier et de son admirable capacité à dramatiser, émouvoir et consoler. Car, nous le savons bien (et la religion l'a toujours su), ce sont les vivants, les survivants, qui sont concernés par les rites de la mort.

Un autre exemple, plus joyeux, m'aidera peut-être à préciser le point dont j'aimerais débattre. Je suis allé au Japon il y a quelques années et j'y ai été surpris, en prenant le métro, par l'abondance des publicités faites dans les wagons pour les robes de mariées. Pas des robes de mariées locales, je ne sais quel kimono de fête. Non, des robes de mariées, j'allais dire : bien de chez nous, blanches, longues, amples, avec, pour les accompagner, un voile blanc et une couronne de fleurs. Je me suis renseigné et j'ai appris que, dans ce pays où les catholiques sont rares, ce pays de tradition shinto, le mariage en blanc à l'église était du dernier chic : on le trouvait plus beau, plus gai, plus festif. Les prêtres catholiques se prêtaient au jeu, apparemment, et acceptaient de célébrer des cérémonies de mariage sans exiger une conversion préalable au catholicisme. Je me suis même laissé dire (mais sans avoir la possibilité de le vérifier) que les plus fortunés pouvaient venir célébrer leur mariage en France dans les mêmes conditions. Spectaculaire illustration d'une certaine force des images à laquelle bien peu échappent. La marche de Mendelssohn, le long tapis déroulé, la pause sur le seuil de l'église devant la famille et les amis émus et souriants : voilà bien une dimension imaginaire de l'union des couples qui transcende les appartenances sociales, culturelles et religieuses. Imaginaire : c'est-à-dire qui sollicite l'imagination et la satisfait pour des raisons que nous allons nous efforcer de mieux comprendre.

J'en reviens donc un court instant aux termes « rite » et « sens ». Le terme rite d'abord. Le rite correspond à l'accomplissement de certains gestes dans un ordre prescrit ; ces gestes sont accompagnés ou non de paroles (de prières, de formules dites rituelles) ; ces gestes consistent en signes formels (signes de croix, imposition de la main sur le front, bras levés vers le ciel, etc.) et en manipulation d'objets ou de substances (une pierre, une statue, une croix, de l'huile, de l'eau, du sang, du vin...). L'exécution du rite, la performance rituelle, peut donc être décrite précisément (les ethnographes ne s'en sont pas privés), mais le rite ne prend son sens que par rapport au temps où il se situe, à l'espace où il se déroule et aux acteurs qu'il met en scène.

Au temps : il y a des rites récurrents et réguliers ; dans toutes les cultures du monde, les changements de saison, par exemple, sont l'occasion de célébrer un ou plusieurs rites associés dans un véritable scénario rituel (on sait l'importance des changements de saisons pour des sociétés agricoles dans lesquelles le régime des pluies joue un rôle crucial). Mais ce temps peut être celui d'individus ou d'une classe d'individus de même âge ; dans toutes les cultures du monde également les moments charnières de la vie individuelle font l'objet d'un intense traitement rituel : la naissance, évidemment, la puberté, l'accès à l'âge adulte, la mort. Des événements sociaux sont complémentaires de cette évolution naturelle et à ce titre ritualisés : l'attribution du nom, l'inscription dans une classe d'âge, le mariage et les funérailles qui doivent tout à la fois remettre en ordre le groupe qui vient de perdre l'un des siens et assurer la bonne mort de celui-ci, son accession au statut d'ancêtre par exemple. Le rite, en somme, intervient aux moments de *passage*, mais tout rite, en fait, consacre un passage : d'un âge à un autre, d'un état ou d'un statut à un autre, de la vie à la mort, d'une saison à l'autre, etc. Tout se passe comme si, n'étant jamais assurés de la suite (pas même du retour des saisons), les hommes s'efforçaient toujours d'en ritualiser la nécessité.

À l'espace. Tout rite prend place dans un espace particulier, mais surtout il situe les uns et les autres dans l'espace. Quels sont les espaces qui font l'objet d'un traitement rituel spécifique ? Les limites (frontières entre les uns et les autres), les carrefours (lieu des croisements et des rencontres), les espaces publics (les marchés, notamment) qui sont, éminemment, les lieux de la rencontre et de l'échange. Hermès était, chez les Grecs, le dieu de ces espaces « intermédiaires », de ces lieux de médiation. Nous avons évoqué plus haut Legba, l'un des dieux qui, lors de la période du trafic des esclaves, a fait le voyage Afrique-Amérique avec quelques millions d'Africains : s'il se retrouve aujourd'hui encore à Haïti ou au Brésil, c'est sans doute parce qu'il symbolisait, aidait à penser, des situations et des espaces exemplaires.

C'est dire que, dans l'activité rituelle, les relations dans l'espace et dans le temps sont avant tout des relations entre les uns et les autres ou entre l'un et l'autre, ou encore entre l'un et les autres. Le rapport au temps et à l'espace, dans l'activité rituelle, est toujours un rapport aux autres. Ce rapport peut s'entendre de deux façons. D'une part, la célébration rituelle a toujours pour toile de fond une collectivité que, d'une manière ou d'une autre, elle met en scène. La conscience que cette collectivité existe et la conscience d'en faire partie contribuent à l'émotion qu'elle suscite et, éventuellement, à la confiance qu'elle implique. Nous faisons parfois, *a contrario*, l'expérience déroutante de l'absence de cette toile de fond : il est dérangeant de se trouver seul dans une salle de théâtre ou même de cinéma, et l'on imagine mal qu'un défilé du

14 juillet ou un match de football se déroule devant un seul spectateur. D'autre part, le rite a souvent pour finalité explicite d'établir un lien particulier entre celui qui en est l'objet (le nouveau-né, l'adolescent, l'initié, le malade, le dignitaire promu à une fonction) et un ou plusieurs autres : ses parents, un de ses ancêtres, ses compagnons d'âge, tel ou tel membre de son entourage, ses sujets ou ses administrés. Ce lien doit être pensable (il faut qu'il relève d'une forme de nécessité intellectuelle relativement au système dans lequel il s'inscrit – une cosmologie, une vision du monde et de la société) et institué (il doit se concrétiser dans une institution comme la famille, la classe d'âge, le couple, la chefferie ou l'État, bref, une institution d'ordre juridique ou juridico-politique qui a ses règles et son langage).

Ce que j'appelle le sens, ce n'est donc pas je ne sais quelle signification métaphysique ou transcendante, mais simplement la conscience partagée (réciproque) du lien représenté et institué à l'autre. Et le rite est le dispositif spatial, temporel, intellectuel et sensoriel (il peut faire appel à la musique, au mouvement, aux couleurs) qui vise à créer, à renforcer ou à rappeler ce lien. Ce faisant, il établit des identités relatives (relatives à la vie familiale, à la vie affective, à la vie politique, à la vie professionnelle) – identités qui supposent toujours l'établissement préalable de liens avec certains autres, certaines catégories d'autres : parents, partenaires, concitoyens, collègues. Pouvoir créer ce lien avec les autres est la condition nécessaire pour créer de l'identité, des identités. Lorsque nous nous prenons de temps en temps, aujourd'hui, à douter du sens du système d'éducation ou de la vie politique, lorsque nous parlons de la « crise d'identité » qui serait consubstantielle à notre époque, c'est, plus profondément, la difficulté de penser le lien aux autres que nous mettons en cause. Mais quelle différence y a-t-il donc, me dira-t-on, entre le rite religieux et le rite social ? Et quels sont au juste les rites sociaux équivalents dans les sociétés modernes aux rites observés par les ethnologues dans les sociétés traditionnelles ?

Dans les systèmes polythéistes et animistes que les ethnologues ont étudiés, les dieux sont parfois présentés comme des intermédiaires en charge des affaires dont ne s'occupe pas la puissance divine lointaine et indifférenciée qui surplombe la vie des humains sans s'y intéresser. Cette puissance, comme l'anangkè des Grecs, c'est une sorte d'équivalent du destin, de la nécessité à laquelle n'échappe pas au bout du compte l'ordre du monde, mais ce n'est pas une figure personnifiée. Les saints catholiques, pour leur part, sont souvent présentés comme des intercesseurs auxquels on s'adresse pour demander à Dieu des faveurs particulières. Mais, dans leur cas comme dans celui des dieux païens, les rites ou les prières qui leur sont adressées ont pour finalité et pour objet ultime d'autres humains : on célèbre un rite, on sollicite un dieu, pour protéger ses enfants, chercher le responsable d'un malheur, guérir un malade, faire venir la pluie, etc., bref, pour obtenir un résultat qui concerne et intéresse à la fois celui qui célèbre le rite et d'autres que lui au regard de préoccupations très « terriennes ». Ce n'est que dans les religions dites personnelles et monothéistes qu'un dialogue entre Dieu et un individu humain quelconque est concevable : ailleurs il est inconcevable et, au reste, parfaitement déplacé. L'idée du salut personnel ne signifie rien dans l'immense majorité des cosmologies mondiales. Les religions du Livre, malgré leur spécificité, mettent aussi en scène la collectivité des fidèles (c'est en gros le sens du mot « église ») et font aussi sa part au secteur plus quotidien des relations entre humains. Les saints catholiques comme les dieux païens sont bien davantage les intermédiaires des relations entre les hommes qu'entre l'individu et Dieu.

Je n'évoque ici cette question que pour revenir à l'essence de l'acte rituel, qui est éminemment sociale. Pour préciser encore la nature du lien que cet acte permet, je dirai qu'il s'agit d'un lien symbolique. Le symbole, au sens étymologique, c'est, on s'en souvient, une pièce de monnaie coupée en deux, irrégulièrement : la réunion des deux moitiés constituait un acte de reconnaissance mutuelle entre deux partenaires commerciaux, par exemple, ou entre leurs descendants. Sur la côte africaine, comme dans la Grèce antique, on avait inventé le symbole : les capitaines de navire européens et les chefs de famille de la côte, qui faisaient commerce d'huile, d'or ou d'esclaves, entretenaient les uns avec les autres des relations d'exclusivité commerciale dont témoignait la possession par chacun d'eux d'une demi-« manille », la monnaie locale, qui devait s'adapter à celle du partenaire ou de son successeur. Les partenaires d'un acte rituel échangent entre eux des signes de reconnaissance, des signes symboliques.

Il peut nous sembler, dès lors, que dans des états de société différents de ceux dans lesquels nous nous trouvons aujourd'hui, il était plus facile de créer ou de percevoir ces signes. L'entourage était plus proche, les croyances davantage partagées. Mais, d'un autre côté, nous pouvons avoir le sentiment que dans des sociétés majoritairement urbaines comme les nôtres, des sociétés où coexistent des individus d'origines diverses, des sociétés ouvertes sur la planète par tous les réseaux de l'économie et de la communication globalisées, menacées, du coup, à la fois par l'uniformisation et par l'accroissement des inégalités, il est plus que jamais urgent de pouvoir définir sa place, sa situation et ses solidarités.

Nous pouvons avoir, parallèlement, le sentiment que ce besoin de sens et de rituels rencontre des leurres qui tentent de le détourner, de le dénaturer tout en donnant l'impression de l'assouvir. Sous l'afflux des images, nous pouvons être tentés de croire que le monde est à nos portes, que l'actualité est notre journal de bord, que les grands de ce monde sont nos familiers ; les horaires de la télévision et le calendrier sportif scandent nos jours, nos semaines et notre année comme jadis la liturgie chrétienne et les cloches des églises. Aux moments de plus grand pessimisme, nous pourrions être tentés de penser (malgré quelques contre-exemples : la vie associative, les nouvelles formes d'esprit militant) que l'avenir est à la solitude, à la fin des rites et à la mort du lien symbolique. La fiction et les simulacres auraient gagné la partie et occupé la place.

Mais c'est toujours aller trop vite en besogne que de proclamer, comme on l'a fait volontiers depuis quelque temps, la mort de ce qu'on ne parvient plus à comprendre : l'homme, la religion, l'histoire. Le lien symbolique ne peut pas disparaître car il est consubstantiel à l'idée de langage, d'humanité et de société. Il peut y avoir des déficits rituels, des insuffisances dans la manière dont les hommes se représentent leurs relations, mais non disparition de ce sans quoi l'individu et la société seraient impensables et la vie invivable : impossible, donc, d'imaginer six milliards d'individus rigoureusement éloignés les uns des autres et ne communiquant que par écrans interposés.

Il n'est évidemment pas aisé de définir ce que doit être la nouvelle exigence de rituel et de lien symbolique. Et puis, l'observateur que l'ethnologue aspire à être n'est pas là pour dire ce qui doit être mais pour essayer de comprendre ce qui existe. À ce titre, il peut tenter de décrypter certains symptômes, certains événements qu'il se risque à considérer comme symptomatiques. À titre de citoyen, il peut aussi, bien évidemment, dire quelques mots du possible et du souhaitable.

Quelques symptômes, donc. Je les repérerai en France du côté d'un goût maintenu, et à certains égards romantique, pour la fête collective. Dans les années passées, on s'est rendu compte parfois que des grèves *a priori* impopulaires (par exemple dans les transports publics parisiens) rencontraient le soutien relativement joyeux d'une partie des usagers, peut-être parce qu'ils les trouvaient justifiées, mais surtout, sans doute, parce qu'elles autorisaient un autre rapport à l'espace de la ville et aux autres : déambulations pédestres, autostop, conversation avec les uns et les autres, contrastant avec l'ordinaire silencieux, maussade et entassé des parcours métropolitains.

La seule fête laïque récente qui connaisse aujourd'hui un réel succès populaire en France, où elle est née, et en Europe, c'est la fête de la musique qui a toutes les caractéristiques d'un grand rite : la périodicité, un caractère collectif non dissociable d'identifications particulières (on y participe de diverses manières selon que l'on est musicien ou non, jeune ou vieux, mais on y participe en ayant conscience de la participation des autres). Le 14 juillet, quant à lui, s'appuie traditionnellement sur la seule organisation susceptible de rivaliser avec l'Église pour l'apparat du rite : l'armée. La fête de la musique ne tire sa force que d'un goût, d'un enthousiasme partagé pour une musique sans frontière. À ce titre, elle se présente bien comme un rite contemporain.

Le rite est la condition du sens social. Contre la solitude (le non-sens de l'absence), il n'y a rien d'autre, rien, que cette conscience réaffirmée du fait que les autres existent et que nous pouvons avec eux échanger, ne serait-ce que des sourires, des larmes ou quelques mots, pour nous prouver que nous existons. Cette réaffirmation de l'existence ensemble passe par celle de la relation dont nous sommes l'un des termes. Elle se suffit ; elle ne repose pas sur l'affirmation de quelque transcendance que ce soit ; une telle affirmation peut accompagner le rite, elle n'en est ni la condition ni l'essentiel. Son espace, c'est l'espace de la laïcité.

Construire des rituels laïques peut sembler difficile à celui qui confond rite et religion ou que fascine l'art religieux de faire des rituels. En matière de rites laïques, nous avons quelques mauvais exemples en tête : des copies ; par exemple, des rites politiques trop inspirés du rituel religieux ou militaire même lorsqu'ils étaient le fait des sociétés communistes. On ne s'attend certainement pas à ce que je donne ici des recettes de rite. Je me contenterai donc de trois ou quatre remarques.

La première, c'est que les religions procèdent par affirmations sur lesquelles s'appuient leurs constructions rituelles, alors que ceux qui se situent hors de toute religion se définissent souvent négativement comme *non* croyants ou *athées*. Il est difficile de faire du rite sur du négatif.

La deuxième, c'est que le rite est toujours à la fois singulier et pluriel, donc relationnel. Celui qui est l'objet d'un rite (à la naissance, à l'initiation, lors de son mariage) vit son passage comme un moment unique et singulier. Mais pour ceux qui exécutent le rite ou y assistent, il est récurrent, habituel, éminemment social (chacun a vécu ou vivra ce que les autres ont vécu ou vivront). La conscience d'être à la fois singulier et comme les autres me paraît définir le plus haut degré de conscience individuelle et sociale qu'on puisse concevoir.

Troisièmement, la laïcité n'est pas tolérance, mais valeur. Elle affirme l'existence de lieux et de moments où les appartenances particulières, notamment religieuses, n'ont pas leur place, de lieux et de moments où ne doit être prise en considération que la conscience singulière et sociale que je viens d'évoquer.

Enfin, pour ceux qui, non contents d'être laïques, revendiquent leur « non-croyance », l'idée du pur lien symbolique peut constituer à elle seule la référence ultime de tout acte rituel. C'est parce que l'amour humain engage deux individus mortels l'un vis-à-vis de l'autre qu'il n'a besoin de rien d'autre que, le cas échéant, du témoignage et du regard d'autres individus mortels ; c'est parce que l'être aimé qui meurt disparaît à jamais que celui qui l'aime et le perd n'a besoin de rien d'autre que, le cas échéant, du témoignage et de la mémoire d'autres individus mortels. Le rite ne nous enseigne rien d'autre : survivre, si on le désire, c'est comprendre que l'on n'est jamais tout à fait seul.

II

Le renversement de perspectives

De l'africanisme à l'ethnoanalyse

Le renversement de perspectives que j'ai esquissé dans les paragraphes précédents et qu'il me faut évoquer maintenant plus précisément, constitue l'essentiel de ma réponse à la question qui ouvre le chapitre précédent.

Il a deux causes apparemment très éloignées, mais dont il me semble, à la réflexion, qu'elles ne sont pas sans rapport. Dans les années soixante-dix et quatre-vingt, j'ai continué à fréquenter l'Afrique, parfois pour des missions de plusieurs mois, mais les allers et retours qu'occasionnait cette fréquentation ont sans doute accéléré et encouragé les allers et retours intellectuels que j'ai évoqués plus haut. Dans cette période où commençaient, en outre, à se faire entendre des questions sur le sens et les limites de l'observation ethnologique, je ressentis assez vite le besoin de poser autrement les questions (non pas les questions de l'ethnologue « de terrain », mais celles de l'ethnologue de retour, de l'ethnologue sur le retour).

À son retour, l'ethnologue doute d'avoir compris ce que disaient ses interlocuteurs ; il doute même d'avoir jamais eu des interlocuteurs car il se rend compte (après-coup, apparemment) que les conditions du « dialogue » étaient artificielles et inégales ; il perçoit soudain la rumeur montante des « voix locales », des voix qui revendiquent leur différence, leur histoire, et vont jusqu'à mettre en doute non seulement la légitimité, mais la capacité des autres à les entendre et les comprendre. L'ethnologue, de retour (plus virulent encore s'il n'est jamais parti), en rajoute et fait son *mea culpa* : il veut être le premier à proclamer l'irréductible différence de ceux qu'il avait cru à tort pouvoir rencontrer ; le premier à dénoncer l'inanité des concepts qu'il utilise (qu'est-ce qu'une croyance ? qu'est-ce qu'un rite ? qu'est-ce qu'un interdit ?...) ; il avoue écrire des textes qui ne sont que des textes, des textes à contextualiser et à déconstruire vite fait. S'il lui arrive d'adoucir de quelque indulgence le regard qu'il porte sur lui-même, car enfin sa prise de conscience actuelle le dédouane de ses illusions passées, il moque avec une joyeuse ironie et une totale bonne conscience les biais, les approximations ou le colonialisme de ses prédécesseurs – ceux dans les livres desquels il avait jadis cru apprendre ce qu'il prenait pour une discipline scientifique (qu'est-ce que la science ?).

J'étais et je suis toujours persuadé que l'ethnologie ne produit qu'un savoir approximatif, que ses catégories conceptuelles sont critiquables et révisables, que le travail des ethnologues est influencé à la fois par le moment historique de leur observation et par l'état de leur discipline au même moment. Au reste, j'en ai su très tôt quelque chose, car à l'époque de mes premiers exercices de terrain, la tendance était au repérage des modes de production ; la détermination et la domination faisaient l'objet de subtiles distinctions. Althusser, qui nous était apparu comme un libérateur (il nous libérait de la vulgate marxiste), imposait subtilement un objet, des concepts et aussi un certain mécanisme à une partie de la recherche ethnologique. Je serai toujours reconnaissant aux Alladian de m'avoir imposé, eux, par le spectacle de leurs enquêtes post-mortem, de leurs funérailles, de leur impitoyable chronique villageoise et par leur recours aux prophètes-guérisseurs un détour par les « superstructures » qui m'évitait d'appliquer des schémas sans me frotter à l'expérience et de vivre ainsi dans « l'autisme disciplinaire ». Mais ce même « autisme disciplinaire » me semble à l'œuvre également dans l'hypercriticisme ou l'hyperrelativisme qui se sont affirmés en réaction contre le « scientisme » de la période globalement désignée comme « structuraliste ».

Ce mouvement est évidemment plus général et n'intéresse pas la seule anthropologie. Mon propos, ici, n'est pas d'en discuter les divers aspects, mais de rappeler ce que fut ma réaction devant les nouveaux courants de pensée critique qui devaient aboutir, peu ou prou, à ce que l'on appelle le « postmodernisme ». Je voudrais, pour ce faire, tirer quelques enseignements de ma pratique de terrain.

Tout d'abord, je n'ai jamais eu, en Afrique ou ailleurs, le sentiment d'être le « maître du jeu ». J'essayais bien, dans les conversations, de mettre sur le tapis les questions qui me semblaient devoir l'être (les termes de parenté, l'héritage, la dot, que sais-je encore ?), mais les « informateurs » n'étaient pas hommes (j'eus peu d'occasions de parler à des femmes en Afrique, davantage en Amérique latine) à répondre à des questions. Je n'ai jamais utilisé de questionnaires et il ne fallait pas être grand clerc pour comprendre que c'était précisément la manière dont mes interlocuteurs (je revendique le terme) s'emparaient ou non d'un sujet, l'infléchissaient dans tel ou tel sens ou le rapportaient à leurs problèmes personnels qui faisait l'intérêt de ce type d'enquête. Celle-ci ne passait d'ailleurs pas essentiellement par des conversations plus ou moins programmées, mais par l'observation des incidents de la vie, quand on acceptait que j'en fusse témoin, et de leurs suites. Commenter l'événement était une source d'informations. Bref, j'avais un rôle assez passif et j'étais assez soumis au bon ou au mauvais gré de ceux que je rencontrais pour n'avoir pas le sentiment de les manipuler, ni même de leur imposer un questionnement étranger à leurs préoccupations.

La deuxième remarque, et je dirais volontiers le deuxième enseignement, c'est que je prenais plaisir à ces conversations et que mes partenaires, s'ils en avaient accepté le principe, ce qui fut le plus souvent le cas, en tiraient aussi de l'agrément. Nous avions peut-être chacun nos raisons propres, mais je garderai toujours le souvenir, par exemple, des discussions que j'ai pu avoir avec certains prêtres des couvents *vodún*, bavardages mi-sociologiques, mi-métaphysiques qui m'en rappelaient d'autres et qui, l'alcool de palme aidant, rendaient les heures légères. Comment le dire ? Je n'ai jamais eu le sentiment en Afrique ni ailleurs (et, par exemple, en Amérique latine, auprès des shamans yaruro ou des possédés de l'umbanda et de Maria Lionza) d'être dans un monde impénétrable. Une fois reconnue la logique des systèmes d'interprétation du réel (il y en a toujours une, plus ou moins respectée), il n'est pas si difficile de se couler dans les raisons des autres. Evans-Pritchard l'avait dit bien avant moi.

Non que je me crusse obligé de me faire initier ou de faire semblant d'adopter les références des autres : ils ne me l'ont jamais vraiment demandé. L'ethnologie « participante » n'implique pas je ne sais quelle fusion sentimentale ; elle n'implique pas non plus une position relativiste – qui ne laisserait le choix qu'entre rester à l'extérieur ou disparaître à l'intérieur, parler sans savoir ou savoir sans parler : il n'est évidemment pas exact que tous les systèmes de lecture du réel soient égaux ou équivalents du point de vue de la raison et de l'expérience, mais ils sont tous rationnels et expérimentaux à l'intérieur des paramètres symboliques qu'ils se sont donnés. Il n'est donc pas plus difficile de parler de la pluie ou du beau temps, mais aussi de la mort, de la naissance, des événements, du hasard et du destin avec des prophètes africains ou des mères de saints brésiliennes, si bizarres que me paraissent certaines de leurs pratiques et certains de leurs énoncés, qu'avec des parents, des collègues ou des voisins qui croient à la Trinité, à la communion des saints, à la résurrection du Christ et à la vie éternelle. Et si l'on me dit que ces derniers ont un rapport plus distancié avec la lettre du dogme auxquels ils adhèrent, j'objecterai volontiers qu'il serait très hasardeux de prétendre que certains responsables des cultes africains ou amérindiens n'ont pas, eux aussi, une distance d'ordre philosophique avec la lettre des représentations auxquelles ils se réfèrent et que, pour le reste, je côtoie quotidiennement, sans me poser le problème de nos compatibilités culturelles, une foule d'individus qui n'ont apparemment aucune distance vis-à-vis de leurs préjugés, de leurs pulsions et de leurs superstitions de tous ordres. J'ajouterai, reprenant une discussion que j'avais amorcée dans *Génie du paganisme*, que la distance intime ou explicite vis-à-vis du dogme ou du système auquel on adhère par ailleurs participe souvent d'une philosophie du « comme si » (l'importance des systèmes religieux pour le maintien des sociétés humaines justifierait qu'on y adhère, malgré leur caractère fictif) dont Freud dénonçait l'hypocrisie dans *L'Avenir d'une illusion* et qui est en soi une invitation à approfondir l'analyse anthropologique. Bref, les autres ne sont jamais si autres que cette altérité puisse leur servir d'essence, jamais si autres que je ne puisse prétendre les entendre et les comprendre avec, évidemment, le même risque d'erreur qui affecte toute entreprise humaine.

Non seulement les grands thèmes de l'interrogation anthropologique ne me paraissaient pas incongrus au regard des catégories indigènes, mais ils me semblaient parfaitement propres à expliciter les questions que se posent les individus des sociétés industrialisées tant sur leur vie quotidienne que sur le sens à donner à leur histoire. J'essayai donc un renversement de l'observation, que je m'appliquai à moi-même (j'étais en quelque sorte le seul indigène que j'eusse sous la main, et cela me condamnait à faire de mon ethnoanalyse une autoanalyse) dans les deux exercices d'ethnofiction que sont *La Traversée du Luxembourg* et *Un ethnologue dans le métro*; ce qui occasionna ce renversement de perspectives, ce fut la conviction qu'un questionnement commun pouvait être appliqué aux individus et aux groupes les plus divers. Il s'agissait, en somme, de prouver le mouvement en marchant et de suggérer que, si je me les appliquais à moi-même, les questions de l'ethnologue avaient un sens. Ce constat n'était pas sans conséquences dans la mesure où il établissait la possibilité d'une anthropologie générale qui ouvrait elle-même la voix à ce que l'on pourrait appeler une « anthropologie généralisée ».

La deuxième cause du renversement de perspectives, en effet, est d'une tout autre ampleur. L'anthropologie est une discipline historique : ses objets d'observation sont pris dans l'histoire, changent avec elle et modifient du même coup le regard qui se porte sur eux. Depuis 1965, date de mon arrivée en Côte-d'Ivoire, bien des choses ont changé là-bas, ici et dans le monde. On ne peut plus regarder du même œil ni les rapports entre la France et l'Afrique, ni les rapports entre le Nord et le Sud, ni, de manière plus générale, les événements locaux, dont le contexte est devenu global. Le fait que j'ai voyagé un peu partout dans le monde à partir des années quatre-vingt était dû aux hasards de la vie, mais ce hasard heureux m'a aidé à prendre la mesure du déplacement que devait effectuer le regard de l'anthropologue en m'imposant l'évidence d'un nouveau contexte. La généralisation de l'anthropologie passe aujourd'hui par celle de ce contexte.

Restons-en pour l'instant au premier ordre de considération et à l'ethnoanalyse. Le renversement de l'observation a des implications méthodologiques et thématiques. Tout d'abord, et très simplement, il peut nous aider à comprendre que certaines de nos questions sont sans objet, certaines de nos curiosités inutiles et certaines de nos inquiétudes infondées. Le trajet du métro, pour peu qu'on y prenne garde, nous expose à des questions auxquelles, si on nous les posait, nous n'aurions pas nécessairement la réponse. Qui était le cardinal Lemoine, qui sont les Volontaires d'avant Vaugirard ? Nous vivons dans un décor et accomplissons des parcours dont nous n'avons pas toujours l'exégèse, la connaissance savante. Nous ne sommes pas des guides touristiques et sommes parfois incapables de répondre à qui nous demande son chemin. Nos interlocuteurs ne sont pas davantage des manuels d'ethnographie ; ils ne sont pas tous des dépositaires de la tradition ou des vieux sages pleins d'imagination. Leur silence ne traduit souvent que l'embarras, l'ignorance ou la perplexité devant des questions qu'ils ne s'étaient jamais posées. Quant au secret qui s'attache à telle ou telle cérémonie, on ne nous en dit rien parce qu'il n'est efficace que s'il est tu : pourquoi serions-nous désireux de brûler les étapes et d'apprendre ce que nous pressentions, à savoir qu'il est sans contenu, qu'il n'existe que pour autant qu'on en postule l'existence, comme Jean Jamin l'avait bien montré dans *Les Lois du silence* ? Le silence un peu ostentatoire qui l'entoure ne nous est pas destiné, il fait plutôt appel à notre complicité.

Pour le reste, tout ethnologue de terrain, ou tout promeneur un peu curieux, sait bien qu'il n'est pas difficile de « faire parler » ceux qu'on rencontre. Toute attitude ouverte, vaguement disponible, attire la parole. Comme la suscite de son côté l'attention flottante du psychanalyste. Bien entendu, l'observateur, pour rester observateur, ne doit pas s'imaginer qu'il a un questionnaire dans la tête : ce sont les autres plutôt, par leur parole, qui construisent progressivement les questions ; ils commencent par les réponses. Ils construisent aussi du même coup leur interlocuteur-auditeur, lui assignant une position, sinon un rôle, et cet interlocuteur-auditeur, lorsqu'il est anthropologue, doit intégrer cette construction à son objet d'observation et d'analyse. Elle structure les propos de l'enquêté et il n'est évidemment pas indifférent, pour les comprendre, de comprendre pourquoi ils semblent s'adresser prioritairement à un historien, à un collecteur d'impôts, à un animateur socioculturel ou à un passant... La double structuration du discours – en fonction des préoccupations immédiates de celui qui parle et en fonction de l'identité qu'il attribue à celui à qui il parle – est indépendante de la localisation de l'enquête. Gérard Althabe y a beaucoup insisté, définissant même par cette constante méthodologique l'unité du projet anthropologique.

J'entrepris donc à mon tour de répondre à l'ethnologue que j'étais, sans attendre les questions, mais en leur donnant progressivement forme à travers le commentaire que je me risquai à faire de mes parcours quotidiens, plus ou moins réels, plus ou moins fictifs. Cette expérience me confirma dans l'idée qu'une ethnoanalyse serait possible (dans le cas présent, donc, une autoanalyse) qui, à partir des thèmes les plus conventionnels du répertoire ethnologique (la résidence, la filiation, l'alliance, la personne, la subsistance), donnerait le champ libre à des paroles singulières néanmoins obligées de prendre en considération ce qui fait à la fois la condition et la limite de leur sens : la présence des autres. Je ne sais si une telle analyse aurait des vertus thérapeutiques, et à quelles conditions. Mais il est certain qu'elle ne ferait qu'encadrer l'ordinaire des propos que nous échangeons avec nos parents ou nos amis, ou à l'occasion avec des inconnus, dans des moments plus ou moins intensément marqués par le besoin de parler.

Ces propos partent bien, en général, des thèmes que je viens de citer (on change d'appartement, on a des relations plus ou moins faciles avec un père ou une mère qui vieillissent, avec son conjoint passé ou actuel, avec ses enfants ou ceux du conjoint, on se demande qui on est, de qui on tient ce fichu caractère, comment s'en sortir financièrement, on a des souvenirs d'enfance et des projets d'avenir, etc.), mais ils se généralisent à proprement parler – c'est souvent le cas dans les conversations qui prennent un tour « philosophique » – autour de grands axes qui transcendent la dimension institutionnelle et dont il serait sans doute possible d'établir une liste exhaustive. J'en cite ici quelques-uns, pour l'exemple, en précisant qu'ils n'ont rien d'inattendu, bien au contraire, puisque la littérature anthropologique en traite surabondamment, et puisqu'ils sont très littéralement des lieux communs aux cultures et aux langues les plus diverses. Lieux communs ou lieux carrefours, lieux par lesquels on passe nécessairement pour parler de soi et des autres, du passé et du présent, mais aussi des circonstances les plus banales de la vie.

L'ANTHROPOLOGIE GÉNÉRALE

Cinq axes, cinq exemples : l'identité, la mémoire, la sacralité, l'apparence, l'échange. Chacun d'entre eux mériterait un livre et en a inspiré des milliers. Je ne les évoque ici rapidement que pour souligner en quoi et comment ils permettent de passer sans rupture d'une expérience culturelle à une autre.

L'identité est l'une des obsessions de la littérature anthropologique. Mais celle-ci, lorsqu'elle essaie d'élaborer une problématique de l'identité, fait écho à des affirmations et à des questionnements qui, chez ceux qu'elle étudie, se situent à un double niveau : le groupe et l'individu. De nombreux exemples africains montrent que les groupes n'ont pas besoin de postuler une origine commune pour se sentir intégrés et identifiés. Ils se savent composites. La logique segmentaire étudiée en Afrique par les anthropologues britanniques est la démonstration du fait que des individus peuvent se sentir à la fois solidaires (à un certain niveau d'inclusion) et différents (à un niveau plus fin ou plus proche d'analyse). Quand les anthropologues, notamment français, ont entrepris de déconstruire le concept d'ethnie, au motif justifié que celui-ci procédait en partie d'un découpage colonial et administratif, ils ont peut-être surpris ou choqué quelques collègues, mais certainement pas les populations parmi lesquelles ils travaillaient. Cela dit, l'important est peut-être que des identifications collectives réussissent à se faire en fonction d'un contexte particulier – ou que, au contraire, elles y échouent. La question est éminemment actuelle dans ses déclinaisons nationalistes ou religieuses. Ainsi peut-on constater que des créations ethniques coloniales ont pris de la consistance, que des États plus ou moins récemment créés ont du mal à exister comme référence partagée, que l'islam est pour certains une référence identitaire transnationale de plus en plus engagée dans l'histoire. L'aspect préoccupant de cette logique identitaire tient au fait que le niveau de stabilisation d'une identité forte (lignage, clan, ethnie, nation, religion...) s'appréhende par opposition à d'autres identités du même type – ce qui implique, pour éviter la pure et simple confrontation, une activité rituelle soutenue, la négociation de liens symboliques forts. On a constaté en Yougoslavie et au Rwanda, par exemple, la vitesse à laquelle la décomposition du tissu social avait dissous, notamment, les liens tissés par l'alliance matrimoniale.

Il n'est pas surprenant que la problématique de l'identité individuelle soit étroitement liée à celle de l'identité collective. La construction de l'individualité est une construction sociale, ancrée volontairement dans une histoire et une culture (c'est le sens premier du terme « instruction »). Sous une forme ou sous une autre, l'identité a toujours à voir avec l'altérité. L'hérédité, la filiation peuvent être conçues comme entraînant la reproduction, totale ou partielle, d'une individualité dans le temps des générations. L'alliance matrimoniale, le travail (la profession dans les sociétés où cette expression a un sens), les positions de pouvoir, la vie ne sont pas sans conséquence sur l'individualité. Nous en parlons plus volontiers en termes psychologiques (« son métier » ou « les épreuves qu'il a vécues l'ont changé », disons-nous), mais ce que nous désignons par là n'est pas d'une nature essentiellement différente de ce que, dans d'autres contextes, on attribue à une substitution de personne, au retour d'un mort ou à une agression de « sorcellerie » – tels, par exemple, que les évoquent les « théories » de la personne en Afrique. J'ai toujours trouvé remarquable (et je l'avais déjà signalé dans *Génie du paganisme*) que les pages les plus subtiles et les plus bouleversantes d'un auteur comme Proust, quintessence de la société bourgeoise du début du XXe siècle, missent en forme des intuitions païennes qui susciteraient certainement l'intérêt et la compréhension des paysans africains s'ils avaient une quelconque chance d'y avoir accès parce qu'elles correspondent à leur hantise de perdre leur personnalité sous l'action ou l'influence d'un autre – je pense, plus précisément, à la crainte formulée par le narrateur de tomber amoureux parce que, sachant qu'un jour il ne le sera plus, il vit l'expérience de l'amour comme une expérience de mort, inverse de celle de la mémoire automatique qui permet d'expérimenter fugitivement la permanence de l'être individuel.

La mémoire et l'oubli constituent au reste un autre axe anthropologique transculturel, dont nous avons vu la place centrale qu'il occupait dans les phénomènes du rêve et de la possession – phénomènes par définition individuels et sociaux –, mais dont nous savons bien qu'ils sont plus que jamais à l'ordre du jour de notre histoire, partagés que nous sommes entre le devoir de mémoire et la nécessité d'oublier. Les sociétés lignagères du sud de la Côte-d'Ivoire accueillaient beaucoup de dépendants dont le statut pouvait varier : captifs de guerre, esclaves achetés, individus « gagés » et théoriquement susceptibles d'être récupérés par leur famille d'origine, femmes de groupes patrilinéaires du nord pour lesquelles une dot avait été versée et dont la descendance était acquise au doteur qui, appartenant lui-même à une société matrilinéaire, cumulait dès lors deux types d'autorité et exerçait sur cette descendance les droits d'un père et d'un oncle maternel. La femme originaire d'un groupe patrilinéaire perdait, avec le versement de la dot, tout droit de recours à sa famille paternelle : elle était en quelque sorte absorbée par un autre système et il était entendu que sa venue au sud était irréversible. Mais, dans le cas des esclaves, le rituel d'intégration était très formalisé et prenait plusieurs jours : on enjoignait au nouveau venu d'oublier ses origines et on lui donnait un nouveau nom. Cette forme d'« intégration lignagère » (au sens où on parle d'« intégration républicaine ») était à la fois subtile et musclée. Le devoir d'oubli en était le principe et la norme. La question pourrait être posée, parallèlement, de savoir si la conception de l'individu et les conceptions de l'intégration sociale, du régime politique au sens large, n'évoluent pas de façon inverse : à une conception éclatée de l'individualité correspondraient des formes dures d'intégration sociale et à une conception intégrée de l'individualité (du sujet) des formes souples et multiples d'appartenance et d'identification collectives. Ainsi formulée, la relation est évidemment schématique, mais elle a peut-être une valeur heuristique pour l'analyse de certaines configurations sociales historiques.

Il se passe toujours quelque chose de particulier lorsque la dimension individuelle et la dimension collective se croisent. Une telle rencontre peut revêtir des aspects différents. Un individu peut avoir fugitivement le sentiment qu'il est témoin de l'histoire en train de se faire. Fabrice n'en prend conscience à Waterloo qu'après coup. Goethe sur la route de Valmy n'en doutait pas. Dans notre culture de l'image, la télévision nous impose de devenir témoins : la rencontre, dès lors, est davantage programmée. Aussi surprenant et bouleversant qu'il ait pu être, l'événement va passer et repasser « en boucle » sous nos yeux, jusqu'à satiété, rejoignant dès lors assez vite le régime ordinaire des évidences quotidiennes et ôtant à chacun le sentiment d'avoir été le témoin privilégié de l'histoire (même si celui qui y a assisté en direct, *live*, peut davantage prétendre à ce titre, avec quelques millions d'autres).

La dernière transmission télévisuelle qui ait pu donner à une partie de l'humanité le sentiment d'entrer dans une ère nouvelle, c'est, me semble-t-il, il y a longtemps déjà, le premier pas effectué par l'homme sur la Lune. Que cet homme s'appelât Armstrong importait peu : il nous représentait. Au moins fut-ce le sentiment du moment, l'impression d'un instant. Nous étions simultanément témoins de l'histoire et conscients du fait que cette histoire était la nôtre.

La notion de sacré et de sacralité a quelque chose à voir avec ce croisement, ce frôlement explicite des deux dimensions. La célébration des grands rites les met en scène. Aux yeux de la société, les célébrations rituelles sont récurrentes, que l'on pense aux rites d'initiation ou même aux rites plus privés, comme les mariages. Mais pour ceux qui sont l'objet du rite l'événement est unique, exceptionnel : pour une fois, la société ou une partie de la société les considère avec une attention particulière et eux ont conscience, en retour, de vivre ce que d'autres ont vécu et que d'autres vivront encore lorsqu'ils seront eux-mêmes devenus spectateurs. Ils n'ont jamais été davantage eux-mêmes et jamais aussi consciemment membres d'une collectivité. De la conscience du sacré à celle du sacrilège, il n'y a qu'un pas. Le spectacle de l'homme sur la Lune, prométhéen, sulfureux au regard des vieilles cosmologies, suscitait chez certains un sentiment complexe, ambivalent, où l'admiration et la fierté le disputaient à une sorte d'effroi. L'*ingens numinis horror* des Romains passe toujours par la perception individuelle d'une forme de conscience sociale qui la déborde et la dépasse.

Les rites d'inversion-perversion mettent en scène des comportements spectaculaires qui ont pour but et pour effet de susciter de telles perceptions et ils correspondent à des situations où les individus sont confrontés à l'évidence du social et du collectif : mort du roi, interrègnes, épidémies... Ils s'inscrivent dans une logique de l'apparence qui concerne plus largement les rapports de pouvoir. Nous savons que le pouvoir se donne traditionnellement à voir par des mises en scène qui se rapprochent des rites d'inversion-perversion : l'inceste royal, la mort volontaire du roi, l'immobilité ou le silence de la personne du souverain, etc., mais ce jeu sur l'apparence, ce jeu des apparences, n'est pas absent des pratiques propres aux démocraties modernes et le rôle sans cesse croissant des médias dans la vie politique, s'il en renouvelle les formes, ne fait qu'en accentuer l'importance.

L'échange, quant à lui, thème cardinal de l'anthropologie économique, est évidemment au cœur de toute réflexion sur les sociétés modernes. Mauss, déjà, dans l'*Essai sur le don*, s'efforçait de tirer des exemples amérindiens de potlatch des enseignements pour la vie et la justice économiques en France. Il va sans dire que ce thème, à l'échelle planétaire, retrouve une actualité accrue dès lors que, derrière les apparences du libre-échange et du marché mondial, se profilent une irréversible division du monde et une monopolisation des sources d'énergie. Le thème de l'échange, ou plus largement de la vie économique, est sans doute celui qui nous permet de passer le plus aisément d'observations localisées et limitées dans le contexte colonial ou néo-colonial à la prise en considération du contexte global qui entraîne une recomposition ou une dégradation des réalités locales.

Le nouveau contexte

C'est parce qu'une anthropologie générale est possible, parce que la thématique anthropologique a du sens dans les milieux culturels les plus divers, que l'hypothèse d'une anthropologie généralisée devient aussi crédible que nécessaire.

Elle est crédible parce que le changement de contexte ne modifie pas l'objet *intellectuel* de l'anthropologie, à savoir les relations entre les uns et les autres telles qu'elles sont pensées et instituées dans un milieu donné – étant entendu que l'unité d'observation privilégiée par l'anthropologue est toujours limitée puisque, en principe, il travaille seul. Elle est nécessaire car, si limité que soit l'objet empirique de l'anthropologue, il s'efforce toujours de le resituer dans son contexte, mieux vaudrait dire peut-être : ses contextes (politique, géographique, écologique, historique, etc.). Bien entendu, la prise en considération du contexte n'est pas sans effet sur la construction de l'objet intellectuel : celui-ci reste la relation, mais la relation peut changer de sens et presque de nature en fonction du contexte politique (selon, par exemple, que le régime est esclavagiste ou non), sociodémographique (par exemple, dans le cas des relations indigènes/immigrés) ou technique (par exemple quand le recours aux technologies de la communication devient la règle).

Aujourd'hui, sous quelque aspect qu'on l'appréhende, le contexte est mondial. Le moindre campement amazonien ou africain ne peut être décrit qu'en tenant compte de sa relation, plus ou moins lâche, plus ou moins efficace ou dérisoire, mais jamais sans effets à court et long terme, au reste du monde, autrement dit : au monde entier, par le biais du tourisme, des images, de la radio, de l'assistance alimentaire ou autre, de l'anthropologue lui-même, le cas échéant, et, dans tous les cas, des différents gestionnaires, plus ou moins présents, plus ou moins lointain, qui estiment l'avoir en charge. Dans notre vie quotidienne, dans la plupart de nos activités, nous avons tous l'occasion d'observer ce que l'on pourrait appeler la planétarisation des références. La terre y perd son mystère ; l'exotisme, qui fut toujours une image, n'est plus que l'image d'une image ; mais de nouvelles réalités se dessinent, ainsi que d'autres perspectives.

Sous le terme mondialisation, on peut entendre deux réalités bien différentes, la globalisation et la conscience planétaire. La globalisation est celle du marché économique libéral et des réseaux technologiques qui permettent la communication instantanée. La conscience planétaire, chaque jour plus partagée, est à la fois écologique et sociale.

La globalisation économique, autrement dit l'extension du marché libéral à l'ensemble de la planète, est l'une des composantes, avec la démocratie représentative, de ce que Fukuyama a appelé la « fin de l'histoire ». Par fin de l'histoire, il faut entendre la perfection, l'achèvement d'un système politico-économique qui, sur le plan intellectuel, ne serait plus discuté.

La globalisation technologique définit avant tout l'ensemble des réseaux de communication (radio, téléphone, télévision, internet…) aujourd'hui étendus à la terre entière. Ces réseaux, par la diffusion des images et des messages d'un bout de la terre à l'autre, au besoin par le relais des satellites, composent l'équivalent d'une cosmologie, ce que l'on pourrait appeler une cosmotechnologie. Nous vivons en effet dans un monde saturé d'images, auquel certaines institutions impriment des formes plus ou moins structurées et régulières (par exemple, les journaux télévisés). Nous nous habituons à joindre qui nous voulons quand nous voulons. Au total, la diffusion des images et des messages à travers un espace aussi encombré qu'impalpable, la ronde des satellites qui réfléchissent sur une extrémité de la Terre des signaux partis de l'autre extrémité expriment presque physiquement la rotondité de la planète : images et messages l'enrobent, l'entourent, la cernent, rendant compte d'événements qui n'existeraient pas sans eux, en tout cas à cette échelle, exprimant l'exiguïté de notre espace et nous donnant le sentiment d'un trop-plein de sens ; c'est bien là leur rôle cosmologique : ils racontent tout, rendent compte de tout, expliquent tout, mais cette totalité ne renvoie qu'à eux, comme le mythe renvoie au mythe. Ces tautologies, ces redondances sont par nature rassurantes ; elles nous plongent dans le monde du même, nous protègent de l'événement et de la contingence, nous imposent l'évidence du présent.

Il faut ici noter que la science, dont procèdent les progrès de la technologie, n'est pas l'objet des mêmes perceptions : la science joue avec l'idée d'inconnu (au contraire des idéologies qui partent de ce qui est postulé connu) ; elle déplace les frontières. L'exploration des deux infinis suscite de nouveaux vertiges. Le but de la science n'est pas de rassurer, et il n'est sans doute pas étonnant que ses progrès rapides aussi bien dans la connaissance de l'Univers que dans celle des mécanismes de la vie et de l'identité aient pour contrepoint le développement des superstitions les plus folles et des irrationalismes les plus arrogants – ou encore, et notamment dans le monde occidental, l'enfermement quotidien dans le monde du présent et de l'évidence.

Celui-ci est si prégnant que l'idéal de beaucoup, en divers domaines, n'est plus de connaître, mais de reconnaître. Les effets de reconnaissance sont à l'œuvre dans les activités qui pourraient en sembler les plus éloignées, comme le voyage, qui servait d'épreuve initiatique aux jeunes bourgeois du XIXe siècle et constituait pour les écrivains de la même époque l'occasion d'une rencontre avec l'autre et d'une mise à l'épreuve d'eux-mêmes, souvent transcrites au retour dans un récit nourri de cette expérience en définitive réflexive. Les touristes, aujourd'hui, voyagent entre deux séries d'images : celles qu'ils ont vues avant de partir et celles qu'ils regardent au retour, après les avoir fabriquées sur place. Si les parcs thématiques ou de pur divertissement rencontrent un tel succès, c'est sans doute parce qu'ils permettent de faire l'économie d'un détour par la réalité du paysage géographique, historique ou humain pour accéder directement à son image – image que nous avons tout loisir, au demeurant, de reproduire en la photographiant et la filmant.

La conscience planétaire s'est d'abord développée comme une conscience malheureuse et écologique. C'est la conscience de la planète comme corps physique vulnérable, maltraité et menacé. Parmi les nouvelles peurs de l'an 2000, la déchirure de la couche d'ozone, le réchauffement de la planète, la désertification, les pandémies occupent une place d'importance et redoublent les inquiétudes que peuvent susciter les conséquences irrémédiables de l'imprudence humaine (Tchernobyl, les marées noires, etc.). Il est évidemment remarquable que cette prise de conscience s'affirme au moment même où le développement des technologies de la communication et de la circulation nous donne une conscience nouvelle de l'étroitesse du monde physique où se joue notre histoire.

Autre prise de conscience : celle d'un monde où, comme s'ils traduisaient une sorte d'affolement, des mouvements divers parcourent la terre en tous sens. Mouvements du tourisme et des affaires, d'une part (les États-Unis sont chaque jour survolés par l'équivalent d'une ville de sept cent mille habitants) ; amples mouvements migratoires, d'autre part, soit, à l'intérieur même des pays concernés, des campagnes vers les villes, soit, à l'échelle de la planète, du monde sous-développé vers les pays industriels. La conscience sociale de la planète, c'est la conscience d'un monde où l'écart entre les plus riches des riches et les plus pauvres des pauvres ne cesse de s'accroître. Si les touristes semblent prendre un plaisir particulier à visiter les pays que les migrants essaient de fuir, ceux-ci, en revanche, traduisent par leur comportement parfois désespéré la conscience qu'ils ont de saisir une dernière chance en sautant dans le train des pays qui fonctionnent, qui accélèrent, même si la ligne de partage entre les plus riches des riches et les plus pauvres des pauvres passe aussi chez eux.

L'URBANISATION DU MONDE

L'urbanisation du monde est une des conséquences de ces déplacements. Cette urbanisation a transformé en quelques décennies le visage de la planète. Comme phénomène général, elle concerne avant tout les côtes, les rivières et les voies de communication au long desquelles elle se développe, créant ce qu'Hervé Le Bras a appelé des « filaments urbains », mais si l'on peut dire que, en ce sens, le monde devient une ville, il faut ajouter que toutes les villes ne deviennent pas au même titre *le* monde. Cette transformation de la ville en monde (dans le nouveau langage : du local en global) n'affecte pas de la même manière toutes les villes. Ce sont d'abord les grandes métropoles, notamment américaines, qui sont le monde, par leur diversité sociale, ethnique, religieuse et économique (il y a des secteurs sous-développés dans quelques-unes des cités les plus emblématiques du monde actuel). Et c'est évidemment la force des grandes universités américaines que de rassembler des cerveaux venus de toute la planète. À l'échelle planétaire, c'est la concentration des lieux d'initiative et leur mise en réseau qui constituent le fait remarquable, permettant à Paul Virilio de parler de « métacité virtuelle ».

Le paradoxe de la ville moderne (la ville est-elle un monde ou le monde est-il une ville ?) a son histoire. Elle commence avec celle du cinéma. Dès la naissance du cinéma, le destin de cet art (qui est aussi une industrie) et celui de la ville (qui est à la fois un lieu de production, un lieu de consommation, mais aussi un décor, un lieu de vie et une source d'imaginaire en constante expansion) étaient irrémédiablement liés. Peut-être même pourrait-on écrire une histoire du cinéma qui ne serait que l'une des faces de l'histoire de l'urbanisation, et inversement.

L'aventure y trouverait son compte puisque la ruée vers l'or, la conquête de l'Ouest sont avant tout l'histoire d'un mouvement d'urbanisation et de sédentarisation. L'évocation même des horizons les plus exotiques ou des paradis les plus ruraux ne prend sens que par rapport à une attente, un espoir ou une menace qui s'identifient à la ville : il faudra bien qu'un jour Robinson quitte son île, que les héros de la guerre rentrent chez eux, dans quelque petite cité du Middle-West ou dans le Bronx de New York, et *L'Aurore* de Murnau, dès l'origine, ne prend son éclat que confrontée aux ombres et aux lumières de la ville.

Les grands cinéastes ont compris d'emblée que la ville était un monde et qu'entre la ville et la nature la métaphore était à sens unique. La nature « est un temple », écrivait Baudelaire, et les Romantiques, par une référence soutenue à l'architecture (avatar du Dieu architecte conçu par le XVIIIe siècle), ont parfois suggéré que la nature pouvait être perçue comme une ville. Mais c'est bien évidemment dans l'autre sens que la puissance de la métaphore a pu jouer pleinement : pour les humains, c'est la ville qui est une seconde nature et peut se réapproprier les termes par lesquels on désigne les différents écosystèmes naturels, de la jungle d'asphalte aux forêts pavillonnaires ou aux confluents autoroutiers. Derrière ces métaphores se profilent la société, les rapports antagonistes et parfois violents entre les classes et les groupes : la métaphore de la ville comme nature renvoie à celle de l'humanité comme animalité, aux confins de la sauvagerie.

Dans un registre plus géographique, toutefois, voire plus poétique, la ville s'est substituée à la nature en épousant ses contours, en colonisant ses éléments les plus spectaculaires, ses rivières, ses reliefs. Que serait la Seine sans Paris, la Tamise sans Londres, les Sept Collines sans Rome et l'Arno sans Florence ? Cette colonisation s'étend à la météorologie : on parle du climat d'une ville aussi bien dans le sens naturel que dans le sens moral. Le ciel de Paris a été mis en chansons. Des chansons, des poèmes personnifient la ville et cette personnification est en quelque sorte l'aboutissement du mouvement historique au terme duquel, pour des millions d'humains, la ville est devenue le milieu naturel de la naissance, de la vie et de la mort.

LES INSTRUMENTS D'ANALYSE

Les instruments d'analyse que j'ai été amené à proposer pour rendre compte de ce nouveau contexte devaient beaucoup à mon expérience africaniste d'anthropologue « classique ». Les règles de résidence, les représentations de l'espace de la maison et du corps, la maîtrise rituelle des récurrences et de l'accident nourrissent la définition du lieu « anthropologique » intégralement symbolisé qui est peut-être l'idéal de ceux que l'anthropologue étudie, mais plus encore le sien propre parce qu'il est toujours fasciné par la possibilité de mettre en transparence les différents niveaux d'analyse et de lecture et, par exemple, de lire le social à travers l'organisation de l'espace. Je ne reviendrai pas ici sur le couple lieu/non-lieu, mais me contenterai d'évoquer son caractère « opératoire » et de présenter rapidement les deux autres couples d'opposition qui permettent peut-être de l'enrichir et d'en mieux apprécier la portée.

NON-LIEU ET ESPACE PUBLIC

S'agissant du couple lieu/non-lieu, la difficulté tient au fait que cette opposition peut être prise comme empirique (permettant de classer des espaces réels en deux catégories) et comme opératoire, méthodologique : dans la mesure où l'on définit le lieu comme abritant des identités, exprimant des relations et traduisant une histoire, il est bien clair que ce sont les pratiques sociales dont un espace est l'objet qui permettent de le définir comme lieu ou non-lieu. Un même espace peut être l'un ou l'autre pour des personnes différentes. Mais, dans la mesure où le non-lieu est le négatif du lieu, il faut bien admettre que le développement des espaces de la circulation, de la communication et de la consommation est un trait empirique pertinent de notre contemporanéité, que ces espaces sont moins symboliques que codifiés, toute une signalétique et un ensemble de messages spécifiques (par écrans, par voix synthétiques) y assurant la circulation des passants et des passagers. Il nous faut donc les penser en même temps (et parfois avec les mêmes mots) que les « pratiques d'espace » à des échelles plus réduites, un peu comme Michel de Certeau invitait à redescendre du World Trade Center pour explorer les rues de Manhattan.

Chacune des deux notions (non-lieu et espace public) peut être opposée à celle dont elle tire son sens, le non-lieu au lieu, l'espace public à l'espace privé. Nous savons pourtant que ces deux oppositions (espace public/espace privé ; non-lieu/lieu) sont relatives. C'est même là ce qu'elles ont en commun.

Si on définit l'espace public non comme un espace délimité et balisé à la surface de la terre, mais comme l'espace éventuellement métaphorique où se forme l'opinion publique, on peut admettre parallèlement que l'espace privé au sens littéral – celui de la famille, par exemple, concrétisé dans une maison ou un appartement – soit un lieu où l'opinion publique peut s'exprimer, donner lieu à débats. Les époux entre eux n'ont pas toujours les mêmes opinions, les parents et les enfants encore moins.

Si on définit le non-lieu non comme un espace empiriquement repérable (un aéroport, un supermarché ou un écran de télévision), mais comme l'espace créé par le regard qui le prend pour objet, on peut admettre que le non-lieu des uns (par exemple, des passagers en transit dans un aéroport) soit un lieu pour d'autres (par exemple, ceux qui travaillent dans cet aéroport).

Dans les deux cas, en outre, c'est parce que la première notion (espace public, non-lieu) est ambivalente, que son opposition à la seconde est relative. Revenons un instant sur cette ambivalence. L'espace public, en un premier sens, c'est l'espace institutionnel dans lequel s'élabore l'opinion publique (la presse par exemple) ; bien évidemment, cet « espace » peut occuper une place dans l'espace privé au sens strict (sur la table de l'entrée ou du salon) et susciter des débats à l'intérieur de cet espace. L'inverse est moins vrai : l'espace privé, au sens de l'espace éventuellement métaphorique à l'intérieur duquel on traite des affaires privées, se projette rarement sur la place publique – dans l'espace public au sens strictement spatial. Lorsque le cas se produit, comme dans l'affaire Clinton-Lewinsky, le malaise naît, et du même coup de nouvelles interrogations sur cet espace lui-même : le salon ovale de la Maison-Blanche est-il un espace privé ou un espace public ? L'affaire Lewinsky elle-même est-elle privée ou publique ?

Pour simplifier, nous appellerons espace public l'espace du débat public (qui peut prendre des formes diverses et éventuellement non empiriquement spatiales) et espaces du public les espaces où effectivement, empiriquement, les uns et les autres se croisent, se rencontrent et, éventuellement, débattent. Nous distinguerons de même espace privé (celui des affaires privées) et espace du privé (au sens strictement spatial de la résidence privée).

Le non-lieu est aussi ambivalent : subjectif ou objectif, comme le lieu. Mais le strict parallèle espace public/espace privé, non-lieu/lieu n'est pas possible, car l'espace public a une définition positive et le non-lieu non. Il faut partir du lieu (du lieu idéal où s'expriment l'identité, la relation et l'histoire) pour définir le non-lieu comme l'espace où ne s'exprime rien de tout cela. Néanmoins, on peut admettre que du lieu se crée dans le non-lieu. C'est alors du lieu subjectif qu'il s'agit, et au-delà, des liens symboliques qui se manifestent dans l'espace concret du non-lieu : par exemple, des liens de camaraderie entre collègues dans le bureau d'un aéroport. On peut admettre aussi que, inversement, du non-lieu investisse ou subvertisse le lieu : mais c'est alors une transformation matérielle et physique de l'espace qui manifeste ce changement – la petite ville illumine son centre historique pour attirer les touristes au moment même où des déviations routières permettent de la contourner ; des supermarchés s'installent hors de la ville *intra muros* et en décentrent l'activité ; les maisons particulières se hérissent d'antennes de télévision et de paraboles et laissent présumer que leurs habitants sont pris dans le flux des images globalisées. L'objectivité du non-lieu transforme le lieu subjectif, et au-delà les liens symboliques entre les uns et les autres.

Pour simplifier, nous appellerons lieu objectif l'espace où s'inscrivent des marques objectives d'identité, de relation et d'histoire (monuments aux morts, églises, places publiques, écoles, etc.) et lieu symbolique les modes de relation aux autres qui y prévalent (résidence, échanges, langage) ; non-lieux objectifs les espaces de la circulation, de la communication et de la consommation, et non-lieux subjectifs les modes de relation avec l'extérieur qui y prévalent : passages, messages, affichages, codes.

L'opposition la plus explicite sera alors entre l'agora, comme espace public et espace du public, et l'autoroute ou le supermarché comme non-lieux matérialisés de l'errance singulière et consumériste.

Ce que nous suggère finalement la comparaison entre ces deux couples d'opposition eux-mêmes découplables, c'est que l'espace public ne peut trouver sa place dans les non-lieux contemporains qu'au prix d'une distorsion ou d'une évolution du sens de l'adjectif « public ».

On nous dit, par exemple, que la télévision est devenue la nouvelle agora, le lieu où s'expliquent les hommes politiques, où ils sont interrogés, où des journalistes et des politiques débattent et où nous sommes informés de l'état de l'opinion (puisqu'elle fait état, avec la presse écrite, du « baromètre de l'opinion », des « enquêtes d'opinion » sur tel ou tel sujet, des « réactions de l'opinion » à telle ou telle initiative ou à telle ou telle déclaration, des intentions de vote, etc.). Mais ce que sous-entend ce déplacement de l'agora vers l'écran, c'est d'abord une sorte de clivage dans la personne du téléspectateur entre ce qu'il est dans sa vie publique, professionnelle, et ce qu'il est comme consommateur d'informations. Comme consommateur d'informations, il a droit, comme les autres téléspectateurs, à la courtoisie souriante de présentateurs qui le regardent sans le voir et le flattent dans son essence générique. « Vous êtes formidables, vous êtes généreux », entend-il à l'occasion (parce que, par exemple, un pourcentage important de téléspectateurs ont apporté leur obole au téléthon). « 50 % d'entre vous pensent que notre chaîne est la meilleure. Merci. » Et il est légitimé, en effet, à penser qu'il fait partie de ces 50 % puisque, justement, il est en train d'apprendre cette information sur cette même chaîne et de recevoir ses remerciements. Ce n'est pas qu'il ne puisse pas émettre, pour lui-même, un sentiment, exprimer son accord ou son désaccord. Mais il n'est interpellé, pris à témoin que comme spectateur face à l'appareil de télévision, pas comme ce qu'il est aussi en dehors du salon ou de la chambre de son domicile privé, face à l'appareil de télévision. Il est peut-être fonctionnaire, chauffeur-routier, médecin, éleveur de bovins, l'un de ceux dont parle de temps en temps l'actualité. Mais devant l'écran, il fait partie du public, au sens théâtral du terme. L'opinion publique, aujourd'hui, c'est dans une large mesure, l'opinion du public au sens théâtral du terme.

Quant à cette opinion elle-même, elle ne naît évidemment pas de la discussion, mais de l'information. Les spécialistes vous font savoir ce que vous avez pensé de la dernière intervention du Président de la République avant que vous ayez eu le temps, comme on dit, de vous faire une opinion. L'évolution du langage est à cet égard significative. Pour dire que 60 % des Français, selon un sondage, pensent que ceci ou cela, on dira plutôt : « Vous êtes 60 % à penser que... », ce qui constitue une expression plus entraînante, d'autant que, bien entendu, vous n'avez pas été sondé et n'avez pas forcément une réponse simple à la question telle qu'elle a été posée. Ou encore : « Les Français, à 60 %, pensent que... », ce qui est presque une façon d'ignorer les 40 % restants.

Lorsqu'on prétend que l'espace public, par les médias, investit aujourd'hui l'espace privé, c'est à un espace public très particulier que l'on pense. Un espace public préfabriqué qu'on propose en apparence à notre appréciation, dont éventuellement on peut même nous proposer plusieurs modèles, plusieurs versions, mais qu'on nous soumet de la même façon qu'on soumet une pièce de théâtre aux spectateurs, au public : nous ne sommes pas les auteurs du scénario, nous sommes tout juste appelés de temps en temps à dire ce que nous en pensons, ou même invités à choisir entre une interprétation et une autre, un metteur en scène ou un autre. Encore sommes-nous souvent avertis du choix que nous avons fait avant même de nous être prononcés.

L'opposition entre lieu et non-lieu nous aide à comprendre que la frontière du public et du privé a bougé et même qu'elle s'est effacée, mais plus encore à comprendre que l'espace public est devenu assez largement un espace de consommation : l'opinion s'exprime sur les questions politiques comme elle réagit à l'apparition d'un nouveau produit. Elle est passive, en ce sens, comme est passif l'individualisme contemporain, l'individualisme du consommateur, en contraste avec l'individualisme de l'entrepreneur dans l'idéologie du premier capitalisme. L'espace du privé peut accueillir ce type de consommation, devenir ainsi une espèce de non-lieu individuel, et ce n'est pas pour rien que l'on parle aujourd'hui de la possibilité à terme de voter chez soi par ordinateur et courrier électronique. Ainsi s'achèverait un double mouvement : rabattement de l'espace public sur l'espace du privé et transformation de l'espace du public en non-lieux susceptibles d'accueillir l'errance des solitudes singulières. Double mouvement qui aboutirait à une délocalisation généralisée : il n'y aurait plus à terme de lieux identitaires ni publics, ni privés. Il n'y aurait plus lieu à débattre.

Sédentarité et circulation

Bien évidemment, on n'évoque ici qu'une possibilité, une virtualité ou, pour mieux dire, une tendance lourde de nos sociétés. Il y a encore une presse d'opinion, des partis et des militants, des syndicats, des associations, des groupements divers qui pèsent activement sur l'état de l'opinion ; il y a encore des manifestations, des grèves, des défilés qui transforment la ville en scène de revendication et de protestation. Par un pressentiment assez remarquable, les manifestants entreprennent parfois aujourd'hui de frapper la société en son point faible et vital : ce sont les « opérations escargot », les barrages routiers qui visent à ralentir ou à bloquer la circulation. Arrêter le transit pour se faire entendre : c'est l'irruption de l'espace public dans la matérialité du non-lieu. Cette irruption est une violence, même lorsqu'elle se produit pacifiquement, parce qu'elle met en évidence une contradiction ou une ambiguïté du système qui ordonne nos sociétés : on n'a jamais autant circulé que depuis que chacun est assigné à résidence, invité à rester chez soi, à télétravailler, télécommuniquer, à se télédistraire et bientôt peut-être, depuis que la pornographie s'empare de la cybernétique, à téléforniquer.

Cette contradiction d'apparence a ses raisons. Le monde de la consommation doit faire circuler les produits à consommer, y compris les téléviseurs, ordinateurs et téléphones portables qui devraient nous dispenser de tout déplacement. En outre, si tout peut être consommé et si le monde est mis en spectacle à cette fin, il faut bien se déplacer pour aller le voir : ce déplacement lui-même est une consommation. Le système montre et éprouve sa limite en inventant les moyens de visiter sans bouger : dans les agences de voyages les mieux équipées on peut faire le voyage virtuel sur ordinateur avant de faire le voyage réel. La contradiction est partiellement levée lorsqu'on développe chez le voyageur-consommateur le goût de faire lui-même des images, des reproductions : il ne verra le spectacle de la nature ou de l'architecture qu'à travers le viseur de sa caméra, mais pourra au retour en retrouver l'image – une image dont il sera l'auteur, qu'il s'appropriera et qui trouvera sa place dans le lieu de sa vie privée. Le tourisme : circulation entre deux séries d'images. Enfin, la production, mais aussi et surtout le management et la vente ont toujours besoin d'une main-d'œuvre appelée à se déplacer plus ou moins régulièrement du lieu de vie au lieu de travail. Mais ce besoin suscite lui-même deux initiatives significatives.

D'une part, les moyens de transport s'équipent, deviennent les uns (voitures privées) des sortes d'habitacles personnels, de petites habitations, les autres (autocars, trains rapides, avions) des sortes de non-lieux ambulants. Être dans sa voiture, c'est encore être chez soi, y garder quelques objets fétiches, y écouter sa musique préférée ou les informations, téléphoner, bientôt sans doute y recevoir des messages de toutes sortes. La voiture reproduit l'ambivalence d'un espace du privé éventuellement ouvert sur l'espace public. Dans l'avion, où le passager peut évidemment amener avec lui ses propres instruments de travail, notamment l'ordinateur qui lui sert de mémoire, tout est fait pour qu'il se sente aussi proche de l'aéroport qu'il vient de quitter que de celui où il se rend : télévision, publicité, informations, boutiques hors taxes assurent en vol la continuité du non-lieu.

D'autre part, les migrations permettent de fournir en main-d'œuvre les postes que dédaignent les plus nantis (en gros, les Occidentaux). La tendance générale (il faudrait évidemment ici nuancer les choses et prendre en considération les conjonctures locales spécifiques) serait de réserver les travaux traditionnels aux immigrés, les nouvelles formes de travail, celles qui ont le plus à voir avec l'organisation de la distribution, étant majoritairement exercées par une élite occidentale elle-même très hiérarchisée. Cette division s'exprime plus volontiers à l'échelle planétaire par les politiques de délocalisation. Aux uns le travail, en somme, aux autres les revenus.

La circulation (des biens, des services, des images mais aussi des personnes) n'est donc pas l'exception, mais bien plutôt le cœur ou le moteur du système de consommation sédentaire. Son espace est la terre entière, la planète, même si ses points d'aboutissement sont locaux, éventuellement microlocaux, puisque, on le sait, on trouve aujourd'hui dans les villages les plus reculés d'Europe ou des États-Unis les mêmes produits qu'à Rome, Paris ou Washington, puisqu'on peut voir dans les cinémas de la planète, y compris les salles de province, les mêmes films distribués par les mêmes grands réseaux, et évidemment, chez soi, tous les programmes des chaînes de télévision et les informations diffusées par des compagnies comme CNN à destination de tous les pays.

C'est à ce point, me semble-t-il, que l'apparente contradiction entre la sédentarité et la circulation trouve sa solution ou, pour mieux dire, son explication. Celle-ci tient dans une expression (changement d'échelle), laquelle dénote une réalité dont on ne peut faire abstraction si l'on entend s'interroger aujourd'hui sur l'espace public, notamment au regard de l'opposition lieu/non-lieu.

L'espace local, régional ou national n'est plus la référence pertinente pour comprendre les enjeux politiques, économiques et sociaux de l'actualité. Certes, les individus restent attachés, quoi qu'ils en disent, aux péripéties politiques de leurs pays respectifs (c'est un feuilleton qu'ils suivent depuis longtemps et qu'ils connaissent bien), mais ils savent que l'essentiel se passe ailleurs ou, plus exactement, que ce qui se passe chez eux ne prend sens que dans un ensemble plus vaste. Pour les hommes d'affaires, les politiques et les scientifiques, quelques points sur la planète comptent plus que les autres et dessinent le réseau des relations pertinentes. L'espace public, pour eux, englobe cette pluralité de références.

Ce changement est repérable dans l'espace. Si on pense à la géométrie classique de l'espace social, on s'aperçoit vite qu'elle est aujourd'hui escamotée, presque déniée. Le seuil, frontière entre l'espace privé et l'espace public, est renforcé, témoignant du repli sur la vie privée. Ce repli prend des allures défensives avec les portes blindées ou les digicodes ; il peut aller jusqu'à la constitution de forteresses protégées par des ponts-levis électroniques, de quartiers privés, voire de villes privées d'où l'on peut communiquer avec la terre entière, mais pas avec les quartiers ou les villages voisins. En Amérique latine, par exemple, il est aisé de lire dans l'espace l'affrontement des riches qui s'enrichissent et des pauvres qui s'appauvrissent. La géométrie devient symbole.

Le carrefour, lieu de la rencontre, haut lieu des mythologies, objet des symbolisations les plus actives et les plus sophistiquées, est effacé des grands systèmes autoroutiers où les échangeurs préviennent toute rencontre fâcheuse. Le marché, qu'Hermès protégeait comme les carrefours, fait place au supermarché, couvert, parfois souterrain, où rien ne s'échange ni ne se négocie et qui n'est donc plus un lieu de rencontre : on y circule (c'est, ici encore, le mot important : circulation), on y circule d'un rayon à l'autre et n'y dialogue qu'avec des étiquettes. L'opposition est claire avec les marchés qui subsistent encore dans les villes anciennes, dans tous les arrondissements parisiens, par exemple, et dans lesquels les représentants des partis politiques, lorsque approchent les élections, distribuent leurs tracts et essaient même d'engager la conversation avec les gens qui font leurs courses.

Dans le système global, les places sont financières et les marchés boursiers. Ces places et ces marchés sont effectivement des lieux de rencontres, d'offres et de demandes. Mais ils le sont à l'échelle de la planète et n'existent, aux yeux du commun des mortels, qu'à travers les informations qu'ils reçoivent. On ne saurait ignorer pour autant que, encouragés par les Pouvoirs publics, les individus intéressés à l'évolution de la Bourse et du Marché sont de plus en plus nombreux. La géographie et la géométrie du marché mondial recomposent et élargissent l'espace public, en ce sens, mais c'est un espace où ne débattent et ne s'affrontent que quelques initiés : les petits actionnaires, comme l'on dit, sont des consommateurs encore plus passifs que ceux du supermarché.

De la violence à l'utopie

Le mot violence est un mot qui, bizarrement, nous paraît très actuel, malgré toutes les considérations qui peuvent être développées sur l'uniformisation du monde, auxquelles semble faire écho l'ordonnancement monotone et froid des non-lieux (architecture de verre, écoulement des voitures au long des autoroutes, lumières et illuminations dans la nuit, envols et atterrissages maîtrisés des gros porteurs, ronde des satellites autour du globe). En contraste, violences en tous genres : violences urbaines (on se tue beaucoup entre pauvres dans les mégapoles), violences dans un certain nombre de pays pauvres (Algérie, Afghanistan, Colombie) auxquelles, de l'extérieur, il est difficile de rien comprendre, violences à visage religieux dans les pays de tradition musulmane, violences intégristes, nationalistes, racistes, violence du système mondial qui semble entériner, malgré les bonnes paroles, l'écart croissant entre pauvres et riches, violence judiciaire en Chine, qui détient le record mondial des exécutions capitales, aux États-Unis dans les États où la chaise électrique et l'injection létale semblent les principaux garants de la paix sociale, violence des guerres éparses à la surface du globe et surveillées du coin de l'œil par la grande puissance mondiale (qui n'exerce qu'en dernier recours son droit d'ingérence) : on dirait que le système mondial tolère parce qu'il en profite un certain « volant de violence », comme l'économie depuis longtemps tolère un « volant de chômage » susceptible de calmer les ardeurs revendicatrices.

La violence apparaît toujours quand les relations ne sont plus pensables, ni négociables et encore moins instituables ou instituées ; autrement dit : quand la symbolisation échoue. La violence dans le monde, on le sent et on le sait quand elle a des conséquences sur la vie pratique des pays où elle ne s'exerce pas directement (hausse des prix du pétrole, migration, marché de la drogue), concerne tout le monde. Mais l'espace public où l'on pourrait débattre de cette violence n'existe pas, il reste fragmenté, déséquilibré. D'une part, elle n'a ni la même urgence, ni la même signification à l'échelle de la microrégion, des pays ou de la planète. D'autre part, les institutions internationales où elle est parfois évoquée (l'ONU essentiellement) ou les médiations internationales qui essaient d'y apporter des solutions ne sont pas en relation avec une forme d'opinion publique à l'échelle de la planète.

On voit bien que les questions évoquées sur un mode technique dans les grandes instances comme l'ONU ou, à une autre échelle, à la Commission et au Parlement européen (représentation des différents pays, droit de veto, majorité qualifiée) expriment l'état déséquilibré d'un monde où les problèmes de la planète terre, qui devraient concerner les citoyens de la planète, ne peuvent être traités que par les représentants des États-Nations, quand ceux-ci ne sont pas dépossédés de leurs prérogatives par certaines entreprises transnationales : pensons au tabac, au pétrole, à la pollution ou même à la culture.

Ce qu'il y a eu d'intéressant à Seattle, à Porto Alegre, à Gênes, à Florence, etc., c'est qu'un débat d'opinion publique inter ou transnational s'est exprimé face au FMI. Sans doute les différents mouvements qui ont convergé vers ces villes avaient-ils des motivations, des idéologies et des intérêts divers ; mais cette convergence était néanmoins hautement significative parce qu'elle établissait des relations de sens transnationales, ébauchait une forme de citoyenneté planétaire. Aux yeux des téléspectateurs du monde, l'amorce confuse d'un débat s'est esquissée à travers les images des heurts et des bousculades. La leçon qu'on peut en tirer est claire : la mondialisation ne peut être discutée que mondialement ; elle ne peut être abandonnée aux experts et à une très lointaine représentation politique. Ainsi s'esquisse la possibilité d'une nouvelle utopie, une utopie planétaire. Dans cette planète utopique, mais qui est la nôtre, chacun appartiendrait effectivement à sa région, à son pays et à sa planète. C'est une utopie, car, dans l'état actuel du monde, ni les pays ni les individus ne pèsent le même poids et l'écart ne fait que croître ; c'est une utopie, car les relais institutionnels qui permettraient à une opinion publique mondiale, transnationale, de s'exprimer effectivement ne sont pas près de fonctionner ; mais c'est une utopie nécessaire dont quelques ébauches laissent percevoir qu'elle sera peut-être un jour possible. Ce jour-là, les repères de l'identité, de la relation et de l'histoire existeraient à l'échelle de la planète. Celle-ci deviendrait à la fois un espace public et un lieu.

Le plein et le vide

L'opposition du plein et du vide apporte une nuance à celle du lieu et du non-lieu. Certes, en première apparence, on peut appréhender le lieu comme essentiellement plein. Il est plein de sens social et la redondance du social et du spatial pourrait définir le lieu idéal comme celui où tout fait sens. La liberté individuelle n'a guère de sens dans des milieux fermés, comme l'on dit, et la surcharge de sens (le fait que le moindre mouvement soit interprété) a pour corollaire cette absence de liberté, ce vide. Mais c'est d'une manière plus immédiatement perceptible que l'opposition du vide et du plein peut servir à qualifier les non-lieux, au sens empirique du terme. Tout d'abord ils ont tous un air de « déjà vu », imputable au fait que souvent ils se ressemblent, mais aussi au fait que nous les avons toujours déjà vus en effet, à la télé, sur des magazines, des dépliants… Ils ne cessent de nous rappeler à l'évidence du présent – évidence qui naît, entre autres, du trop-plein des images. Il y a foule, en outre, dans les espaces de la circulation et de la consommation : les embouteillages, les queues aux caisses de supermarchés eux-mêmes foisonnant de marchandises donnent une idée très concrètes de ce trop-plein. Et de même, les foules qui travaillent dans les quartiers d'affaires des mégapoles : le secteur tertiaire est encore en pleine expansion aux États-Unis comme en Europe et nous verrons se multiplier dans les années à venir les tours combles le jour et désertes la nuit. Car le vide de la nuit, dans les grandes surfaces commerciales, dans les aéroports, sur les grandes dalles qui masquent les parkings ou l'enchevêtrement des autoroutes urbaines, contraste avec le trop-plein du jour. Le vide est pourtant aussi présent le jour, un peu plus loin, à côté. Les friches, les terrains vagues, les chantiers, plus ou moins actifs, dessinent au cœur de la grande cité des zones en attente, des zones qui vont être remplies et tirent un certain charme, en attendant, de n'être encore qu'en devenir.

Dans certaines villes sud-américaines, le face-à-face des riches et des pauvres trouve des expressions spectaculaires. Insularité d'une part – insularité des immeubles et des quartiers qui se ferment sur eux-mêmes, protégés par des gardes armés et des systèmes de sécurité très élaborés. Infiltration des quartiers pauvres, parfois, jusqu'au cœur de la ville des affaires et des résidences de luxe. Un océan de pauvreté vient battre au pied de la citadelle ; les recoins de la surmodernité abritent les plus démunis : sous le tablier des autoroutes urbaines, sur les trottoirs du centre-ville, les vides se remplissent.

Les ruines, qui sur divers continents sont une destination touristique privilégiée, sont apprêtées pour le spectacle. L'archéologue doit bien choisir quelle tranche de temps il veut mettre en évidence. Il lui faut évider le trop-plein des couches de temps qui se superposent les unes aux autres, créer ce que d'autres que lui, ensuite, vont finir de mettre en spectacle avec le concours de touristes de tous pays, des mendiants et des petits vendeurs de pacotilles locales ou internationales.

C'est en somme la surcharge du présent qui définit le rapport entre le plein et le vide. L'actualisation, la mise en spectacle projettent le passé dans l'évidence du présent, présent en mouvement certes, mais si encombré, si envahissant qu'il interdit toute vision de l'avenir même s'il nous propose pourtant, par la fiction, des images auxquelles, déjà, l'actualité commence à ressembler.

Le trop-plein des espaces de communication, circulation et consommation est un trop-plein de fonctions. Un grand aéroport est aussi un supermarché ; on peut y suivre les nouvelles du jour à la télévision. C'est aussi de plus en plus un lieu d'inter-communication : gare, non seulement des trains qui assurent les liaisons avec les villes les plus proches, mais, comme à Roissy, des trains rapides aux destinations plus lointaines. La publicité y est partout visible, notamment pour les chaînes hôtelières associées aux compagnies aériennes ou pour les cartes de crédit dont l'usage généreux permet d'emmagasiner des *miles* pour de futurs déplacements. Cette plurifonctionnalité peut se décliner aussi bien à partir des stations-service d'autoroute, des halls d'hôtels ou des hypermarchés : les non-lieux empiriques se reflètent les uns les autres, se mettent en scène les uns les autres. La publicité pour les marques, les grandes entreprises, les journaux ou les hebdomadaires qui sont eux-mêmes des supports de publicité fait en fin de compte de ces espaces une perpétuelle allusion au réseau qui enserre la planète. Le global est incessamment représenté à l'entrecroisement des mailles qui en constituent la trame. Mais cette trame, pour serrée qu'elle soit, reste lacunaire : une grande majorité de terriens n'a accès ni aux lignes aériennes, ni à Internet, ni à la surconsommation. Le trop-plein du réseau, pour spectaculaire qu'il soit, ne peut pas masquer les vides autour desquels il se bâtit et qui, d'une certaine manière, lui donnent son relief.

Extérieur et intérieur

Et c'est à ce point que l'opposition extérieur/intérieur, telle qu'elle a été formulée par Paul Virilio dans

La Bombe informatique, peut nous être utile. Virilio nous rappelle en effet que depuis le début de la décennie quatre-vingt-dix, « le Pentagone considère que *la géostratégie retourne le globe comme un gant !*[1] ».

Qu'est-ce à dire ? Le global, du point de vue des responsables militaires américains, « *c'est l'intérieur* d'un monde fini dont la finitude même pose des problèmes logistiques nombreux » (*ibid.*). Du même coup c'est le local, le localisé qui devient, par rapport à ce monde intérieur et fini, l'extérieur : « le local c'est l'extérieur, la périphérie, pour ne pas dire la grande banlieue du monde ! » (p. 20). Une déclaration du président Clinton semble entériner cette « mutation globalitaire ». Virilio la rappelle : « Pour la première fois, déclarait le président Clinton, il n'y a plus de différence entre la politique intérieure et la politique étrangère » (*ibid.*).

L'identification du global à l'intérieur et du local à l'extérieur est très éclairante : elle rend compte d'un système articulé autour d'un réseau planétaire (la « métacité virtuelle » dont parle aussi Virilio) et dont la traduction politico-militaire est logique. L'ordre mondial relève d'une sorte de politique intérieure de la planète, dont le droit d'ingérence est l'instrument privilégié. Tout ce qui constitue une menace pour le système se définit comme local et peut être traité à ce titre.

Comme le dit Paul Virilio lui-même, cette redéfinition des rapports entre l'extérieur et l'intérieur corres-

1. Paul Virilio, *La Bombe informatique*, Paris, Galilée, 1998, p. 19.

pond à la vision et à la stratégie du Pentagone. Il n'est donc pas abusif d'y voir une expression ou une matrice de ce que l'on appelait jadis l'« idéologie dominante ».

En rassemblant quelques-uns des éléments d'analyse proposés précédemment, nous pourrions avancer que la mise en évidence du système économico-technologique comme intériorité planétaire confrontée à l'extériorité des événements locaux constitue précisément l'idéologie de la nouvelle histoire planétaire.

Système et histoire

L'idéologie de la nouvelle histoire planétaire, c'est le refus de l'histoire, la proclamation de sa fin. Si ce Système comme combinaison du marché libéral et de la démocratie représentative définit la forme réelle et idéale de ce que Toni Negri et Michael Hardt appellent l'*Empire*[2], le refus de toute nouvelle proposition historique, de toute histoire plus ou moins finalisée lui est consubstantiel. Un peu comme si la maîtrise de l'espace entraînait celle du temps. Et c'est bien d'ailleurs ainsi que semblent l'entendre tous ceux, migrants officiels ou clandestins, qui, comme s'ils ne croyaient plus aux solutions locales, s'efforcent de rejoindre les pays où le Système est plus évidemment présent : tant qu'à être pauvre mieux vaut être pauvre à l'intérieur qu'à l'extérieur du Système.

2. Paris, Exils, 2000.

Quand nous parlons de changement d'échelle, c'est évidemment au Système que nous pensons d'abord. Nous y pensons quand nous citons les grandes métropoles mondiales, les grandes multinationales, mais nous y pensons aussi en termes esthétiques quand nous considérons les grandes œuvres et les grands noms de l'architecture contemporaine. L'architecture, à ce niveau, devient sa propre fin ; les œuvres sont des singularités à un double titre : elles sont signées, elles n'ont qu'un auteur, même si, bien évidemment, de nombreux individus ont collaboré à leur conception et à leur édification ; mais elles sont singulières aussi parce qu'elles n'ont pas avec leur environnement immédiat un rapport d'expression ou de complémentarité, elles n'expriment pas métonymiquement quelque chose de la ville ou de la région qui les abritent. On ne va pas voir le musée Guggenheim en Espagne en pensant à Bilbao ou au pays basque. L'architecture signée d'aujourd'hui, comme la ville générique dont parle Koolhas, n'a de sens qu'à l'échelle planétaire : elle inscrit des noms sur la carte du réseau, donnant aux villes ainsi désignées l'assurance qu'elles en font bien partie.

Le couple Système/Histoire, au bout du compte, intègre les séries d'oppositions relatives qui m'ont paru de bons décrypteurs des mondes contemporains. On pourrait dire que le Système comme ensemble économique et technologique structuré possède sa propre idéologie dont les maîtres mots sont le présent, l'évidence et la globalité ; le respect des différences est un autre de ces maîtres mots pour autant que ces différences n'ont pas de répercussion négative sur les modes de consommation du système. Ce qui est hors Système (le local, l'accident) est plutôt considéré comme appartenant à ses marges, surveillé comme tel et éventuellement rappelé à la nécessité de l'ordre intérieur. D'où l'étrange chassé-croisé qui permet de dire indifféremment que tous les problèmes internationaux sont peu ou prou des affaires intérieures (qu'on pense à la phrase de Clinton) ou que tous les problèmes intérieurs sont internationaux (qu'on pense à l'avidité avec laquelle des dirigeants comme Sharon ou Poutine se sont emparés du thème du terrorisme international pour qualifier des situations qui sont pourtant, chez eux, enracinées dans une longue et très particulière histoire).

Mais l'existence du Système elle-même est un fait historique et idéologique. Il traduit des rapports de force, de pouvoir, d'économie. En tant que système, il est à lui-même sa propre idéologie puisqu'on ne peut le décrire que dans ses propres termes (globalité, évidence, présent) ; en ce sens, il est idéologiquement très efficace : le travail, les loisirs, l'information, la vie quotidienne des individus relevant du Système se réfèrent nécessairement à ces termes, même quand ils veulent le mettre en cause ou en critiquer certains aspects. Son talon d'Achille, toutefois, que trahit son déni de l'histoire, c'est le refus de penser l'humanité hors Système, de la projeter dans un extérieur aussi vaste que vague et, à tout prendre, impensable. La politique américaine traduit cette faiblesse et cette contradiction : partagée entre le respect formel des différences culturelles (qu'elle a tendance à assimiler à des différences religieuses), la hantise d'un terrorisme, dont elle refuse de traiter les causes profondes, et le constat étonné de son impopularité croissante, elle ne se soucie pas de dessiner les ambitieuses perspectives mondiales qu'elle serait en droit de revendiquer si toutefois elle prenait conscience de ses responsabilités et de ses devoirs historiques.

Le nouvel espace-temps de notre histoire planétaire est en voie de constitution. Comme toujours, c'est une conception qui exprime des rapports de force et de pouvoir. Mais elle a ses contradictions particulières. L'opposition des espaces codifiés (non-lieux) aux espaces symboliques (lieux) en rend compte partiellement : notre histoire ne prend sens qu'à l'échelle planétaire, mais à l'échelle planétaire il n'y a pas véritablement d'espace public, de lieux où une opinion publique planétaire puisse s'exprimer. Les réseaux de l'image et la représentation politique à distance ne peuvent en tenir lieu. En ce sens, il est sain et remarquable que, face aux efforts d'entente des gouvernements des pays les plus riches, les partisans d'une autre mondialisation réussissent à se faire entendre. Quelles que soient la diversité ou les contradictions de leurs rassemblements, ceux-ci constituent une ébauche de ce qui sera peut-être demain une opinion publique mondiale. Significativement, leur parcours inscrit sur la carte du globe des noms de ville qui localisent l'histoire en train de se faire. Nous ne sommes plus à l'époque des batailles de l'Ancien Régime ou de l'ère napoléonienne, mais les noms de Porto Alegre, Seattle, Gênes ou Florence esquissent la géographie de notre nouvelle histoire. Et au moment où j'écris ces lignes (février 2003), on voit bien que les mouvements de protestation contre la guerre en Irak esquissent aussi quelque chose qui ressemble à la manifestation d'une opinion publique mondiale.

III

Pour une anthropologie des fins

La montée du silence

L'un des paradoxes de la mondialisation, c'est que les utopies disparaissent au moment où l'humanité serait techniquement en mesure de se définir comme corps social unifié. L'utopie a pris diverses formes au cours de l'histoire en se centrant sur le thème de la guerre (« la paix perpétuelle »), de l'inégalité (la société sans classes) ou de la langue (l'espéranto). Nous assistons aujourd'hui, en sens inverse, et malgré la puissance des facteurs technologiques de la mondialisation, à une extension sans précédent de la violence, à des replis identitaires multiples et à un accroissement de l'écart entre les plus riches des riches et les plus pauvres des pauvres. L'optimisme postmoderne repose sur la prise en considération du deuxième aspect, à l'exclusion des deux autres, et se cantonne dans l'éloge de la diversité culturelle revendiquée et du métissage.

Peut-être faudrait-il porter davantage d'attention aux notions de diversité culturelle et de métissage à la fois pour en préciser les conditions historiques d'apparition (dans quelle condition historique est-on amené à « revendiquer » une culture ? Quels sont les rapports entre le métissage et les grands transferts de population qui caractérisent notre époque ?) et en marquer les limites historiques et conceptuelles. On comprend bien que le spectacle de la pluralité ethnique et sociale des mégapoles actuelles puisse inspirer aux plus généreux de ses observateurs du moment une forme de jouissance culturelle et d'optimisme à long terme. Mais cette attitude intellectuelle suppose acquise la solution des problèmes économiques et sociaux dont nous savons d'expérience qu'ils sont un obstacle majeur à l'harmonieuse polyphonie de notre nouveau monde. Dans cette mesure, elle participe peu ou prou au thème de la fin de l'histoire.

J'ai le sentiment, pour ma part, d'avoir essayé de bâtir une anthropologie attentive aux prises de parole les plus diverses, aux énoncés les plus surprenants et aux locuteurs les plus modestes (l'Afrique est à l'origine de cette tentative, mais elle s'est poursuivie ailleurs) et je prends conscience aujourd'hui du silence qui a envahi notre histoire, d'une extension en apparence irréversible des zones de silence. Ce constat peut étonner : les fracas de l'actualité, ses désordres et ses fureurs, l'incessant bavardage des médias pourraient au contraire donner l'impression d'un harcèlement sonore, d'un bruit sans fin. Aussi bien le silence dont je crois pouvoir constater l'existence n'a-t-il rien de reposant, d'apaisant ou de continu. Il ne se perçoit qu'entre deux éclats de voix, sous les rires mécaniques des entretiens télévisés, sous les commentaires machinaux, récurrents et polis de CNN, derrière la clameur publicitaire des semaines commerciales ou le vacarme des effets spéciaux. C'est un silence masqué, dissimulé, que les bruits du temps essaient de soustraire à notre vigilance parce que, perçu soudain, comme un vide infini entre deux montagnes, il ne peut engendrer que le vertige et l'effroi. Nous sommes un peu comme ces personnages de dessin animé qui, emportés par leur élan, ne se rendent pas compte que le sol vient de se dérober sous leurs pas et continuent sur leur lancée à courir dans le vide jusqu'au moment où ils baissent la tête, découvrent le vide et tombent de haut – situation comique et sans conséquence pour autant que le crayon du dessinateur assure à ses personnages une totale impunité et une incessante innocence.

Ce sont les philosophes qui ont attiré notre attention sur la montée du silence. Vincent Descombes nous a rappelé dans *Philosophie par gros temps*[1] que la modernité des Lumières avait correspondu à la fin des mythes d'origine et des cosmologies qui se fondaient sur eux. Jean-François Lyotard, dans *La Condition postmoderne*[2], avait traité des conséquences de la « fin des grands récits », c'est-à-dire des mythes

1. Éditions de Minuit, 1989.
2. Éditions de Minuit, 1979.

du futur, des propositions pour l'avenir qui se présentaient en quelque sorte comme des récits performatifs, aidant à la réalisation des lendemains qu'ils évoquaient. Nous serions donc aujourd'hui dans une situation doublement décevante, où le présent se trouve dépossédé aussi bien de ses antécédents que de ses perspectives.

Ce constat de carence, de double carence, appelle quelques remarques. Il faut dire d'abord et surtout qu'il est essentiellement occidental. Car les mythes d'origine et les mythes eschatologiques n'ont pas partout disparu. Si l'Occident domine encore le monde, il est loin d'avoir réduit au silence les voix de la protestation qui s'opposent à son triomphalisme et en accusent les défauts. Le thème de la fin des grands récits est, pour tout dire, ethnocentré ou sociocentré, et il procède d'un jugement de valeur implicite sur l'importance des divers discours tenus dans le monde. De Khomeiny à Ben Laden, le discours intégriste musulman, par exemple, est à la fois fondamentaliste et utopiste, et il tire une partie de sa force des contradictions ou des incertitudes des idéologies qui lui font face.

La première réponse à l'intégrisme passe par un effort pour dissocier ce qui relèverait de la « vraie » religion et ce qui relèverait du « déviationnisme ». Elle participe d'une sorte de fondamentalisme inversé qui déciderait de ce qui est « vrai » en matière de religion : la « vraie » religion serait respectable par nature, comme toute différence « culturelle » à l'aune d'une conception relativiste et pluraliste du monde ; le déviationnisme, au contraire, déboucherait sur des comportements extrémistes et terroristes étrangers à l'essence de la religion et susceptibles à ce titre d'être réprimés. Cette analyse, qu'on pourrait qualifier en gros de postmoderne, suit, je l'ai rappelé plus haut, un parcours inverse de celle qui s'est appliquée il y a quelques années à la Révolution française. Les États-Unis sont évidemment exemplaires de cette attitude : ils composent avec tous les fondamentalismes ; pour eux les fondamentalismes sont intrinsèquement respectables et les cultures sont essentiellement religieuses ; une complicité intellectuelle objective peut ainsi s'établir entre la posture culturaliste des États-Unis et la posture fondamentaliste d'un pays comme l'Arabie Saoudite sur la base d'un certain flou conceptuel autour de notions comme Dieu, culture, croyance.

La complicité est plus problématique lorsque sont en cause d'autres notions comme « droits de l'homme » ou « démocratie », notions qui néanmoins peuvent être tendues jusqu'à l'extrême, c'est-à-dire jusqu'au point où elles se transforment en leur contraire. Il y a certes aux États-Unis une opinion publique où s'expriment des démocrates sincères, des féministes, et l'on sent bien que sur certains thèmes l'accord intellectuel rencontre ses limites : il s'agit de tous ceux qui mettent en cause les phénomènes de répression interne caractéristiques de certains États et que tout le monde n'est pas prêt à entériner au nom de la différence des cultures. Mais le gouvernement des États-Unis, lui, s'en accommode, tant que n'interfèrent pas à ses yeux les principes du fondamentalisme et les pratiques intégristes. L'intégrisme, c'est avant tout la projection dans l'avenir du message fondamentaliste et un passage à l'acte politique. Les États-Unis refusent de reconnaître le fait même de cette projection (d'où la dissociation vraie religion/déviationnisme). Mais toute pensée du futur mettant en cause d'une manière ou d'une autre l'équilibre du Système et prétendant le soumettre à l'épreuve de l'histoire est intolérable à leurs yeux. Le message millénariste était présent chez Khomeiny (qui prétendait convertir à l'islam le monde entier) et il l'est chez Ben Laden, au-delà de ses appels à la violence terroriste. Or, s'il est bien vrai que les monothéismes et les religions de salut sont par définition universalistes et prosélytes, il est impératif pour une politique extérieure qui doit prendre son temps et ménager des étapes de savoir pratiquer une écoute et une vigilance sélectives. Les États-Unis n'ont pas le monopole de cette caractéristique : il n'est que de voir la discrétion avec laquelle la presse européenne a rapporté, quand elle l'a fait, il y a quelques mois, la lapidation à mort d'une femme iranienne accusée d'adultère et le bruit, au demeurant bien justifié, qui a contribué à sauver une femmes nigériane du même sort un peu plus tard, pour pressentir que certains gouvernements européens sont avant tout soucieux de ménager leurs relations économiques avec l'Iran. Pour le reste, qui parle aujourd'hui des femmes afghanes ? Un indélicat de temps à autre, mais, pour l'ensemble, c'est le silence qui est assourdissant, après le vacarme humanitaire et humaniste qui avait accompagné la guerre d'Afghanistan. Qui a jamais parlé des femmes saoudiennes ?

Si d'aventure une complicité réelle était établie entre l'Arabie Saoudite et le terrorisme islamiste, il y a fort à parier que la gymnastique intellectuelle reprendrait pour établir le nouveau tracé de la frontière entre « vraie religion » et déviationnisme, intégrisme ou terrorisme. Les frontières de « l'islamisme modéré » (ce monstre conceptuel) bougeraient du même coup, ainsi que les alliances de circonstance. Le système, sans renoncer à son idéologie pluriculturelle, redéfinirait sa géographie et redessinerait la ligne de démarcation qui le sépare des zones de trouble localisé. Notons cependant que le thème du « choc des civilisations », qui n'est pas encore au premier plan de la panoplie conceptuelle du Pentagone (en réserve de la République, pour ainsi dire), pourrait être mis en avant à partir du moment où, dans le cas de l'Islam, la frontière entre islamisme et intégrisme se révélerait poreuse ou inexistante. Nous basculerions alors, non dans une guerre contre la religion, mais dans une guerre de religions – le seul bon intégrisme étant l'intégrisme évangéliste, dont il est intéressant de remarquer qu'il est aujourd'hui en train de changer d'ennemi : naguère encore, dans les pays d'Amérique latine, il pourfendait le communisme et le catholicisme, Castro et Jean-Paul II ; aujourd'hui, remodelé dans son université de Californie, il se définit comme une machine de guerre contre l'islam. Parallèlement, il s'étend à l'Afrique et à l'Europe de l'Est. Il serait piquant que l'idéologie de la fin de l'histoire aboutît à justifier une nouvelle guerre de religion. Mais pour l'instant qui parle de l'évangélisme ? Bien peu de monde, en vérité.

Au total l'attitude des États-Unis devant les représentants du fondamentalisme islamique n'est pas sans rappeler celle de l'Église devant les Indiens qu'elle espérait avoir convertis en Amérique latine : leur conversion n'était-elle qu'une apparence, leur piété qu'un masque ? N'étaient-ils pas les animateurs souterrains d'un jeu de dupes duquel, à terme, les anciens dieux sortiraient vainqueurs ? Ce doute a longtemps taraudé l'Église et la tourmenterait encore si elle n'avait d'autres sujets d'inquiétude. C'est un doute du même ordre, peut-être, qui commence à envahir certaines consciences américaines, troublées et fascinées par l'idée que l'impérialisme islamiste, l'impérialisme de l'islam, puisse être son véritable ennemi. Mais le gouvernement des États-Unis, si le cours de l'histoire suit la même pente, en viendra peut-être un jour à entériner cette hypothèse pour pouvoir continuer à dénier l'évidence : celle d'un monde inégal où les opprimés seront toujours tentés de trouver dans la religion, s'il ne reste qu'elle, le relais universaliste susceptible de leur procurer une audience, une efficacité et le moyen de faire appel du Système en recourant à l'histoire. L'évangélisme et divers succédanés du protestantisme américain, qui sont aujourd'hui plus ou moins financés et contrôlés par les

États-Unis, pourraient très bien demain fournir les arguments du nouveau grand récit révolutionnaire. Si la pratique protestante se diffuse à une telle vitesse sur tous les continents, c'est en effet parce qu'elle sait s'adresser, comme l'islamisme en Turquie ou en Algérie, aux plus démunis. Mais son message sans nuances (procédant par prescriptions et interdits) est réversible : Hugo Chavez s'en réclame aujourd'hui contre le capitalisme. Il peut donc réserver des surprises à ceux qui en ont encouragé l'expansion.

La tentation prophétique, face à la domination technologique et au triomphalisme politique, peut renaître à l'échelle planétaire. Les actuels mouvements terroristes en relèvent à certains égards, même s'ils se distinguent des prophétismes africains à la fois par leur ampleur, leurs moyens et leur recours résolu à la violence. Ben Laden, je veux dire : l'image qu'il essaie de transmettre ou qu'on essaie de donner de lui, a des traits prophétiques. Certes, il appelle à la violence (même si celle-ci, dans son discours, est toujours présentée comme une riposte), mais il est en même temps un bon exemple de l'ambivalence et de l'ambiguïté prophétiques. Il travaillait, il n'y a pas si longtemps, avec la CIA contre les communistes ; il a appris à se servir des armes de l'adversaire, à les retourner contre lui : le terrorisme à l'échelle planétaire mime tragiquement la globalisation, essaie d'en épouser les contours et la géographie, d'en reproduire les stratégies de communication. En ce sens, le terrorisme est mimétique. La vision globale d'un « empire arabe » planétaire et d'une islamisation de la planète donne sa touche ultime au tableau prophétique.

À l'heure où aucune philosophie politique ne peut plus prétendre à l'universalisme, c'est encore dans les monothéismes que les nouveaux prophètes trouvent et trouveront encore longtemps le relais de leurs ambitions planétaires.

La stratégie de dissociation entre la vraie religion et ses déviations n'est pas la seule arme du Système capitaliste. La deuxième stratégie, infiniment moins problématique, est son idéologie propre : l'idéologie de l'évidence, du présent et de la consommation. Nous voyons bien en effet que le désir de communication et d'information est en soi un antidote puissant au totalitarisme idéologique. Les responsables du FIS en Algérie ne s'y étaient pas trompés, qui surnommaient les antennes paraboliques hérissant les villes algériennes antennes « paradiaboliques ». Mais le spectacle de la surabondance capitaliste est à double tranchant : il fascine et il provoque. J'ai souvenir qu'il y a quelques années un incident technologique avait empêché la télévision ivoirienne de diffuser comme elle le faisait une fois par semaine un épisode de *Dallas*, ce feuilleton où triomphait à tout coup l'infâme JR, pétrolier texan au sourire carnassier et conquérant : il y eut une quasi-émeute à Treichville, quartier populaire d'Abidjan. Le spectacle de la puissance et des puissants fascine plus qu'il ne révolte. Plus exactement, il produit des sentiments et des réactions marqués par l'ambiguïté, un peu comme dans les rituels d'inversion-perversion, quand l'image se substitue à la relation. Les séries américaines (au moins celles d'entre elles qui accusent le trait dans leur évocation des milieux riches et dominants, comme *Dallas* ou *Les Feux de l'amour*) produisent elles-mêmes les effets de grossissement et de caricature qui seraient ceux du rite si les spectateurs se mettaient à en jouer les personnages – ce que les plus jeunes d'entre eux ne se privent pas de faire dans leur existence quotidienne, répétant ce que Jean Rouch avait observé il y a longtemps à Abidjan à propos et à partir de films de cinéma les plus populaires.

La troisième stratégie du Système, c'est le silence pur et simple. Nous en avons déjà signalé quelques exemples. Ils sont significatifs. Le silence, dans tous les cas, y apparaît comme un silence sur les contenus, notamment sur celui du message religieux, au nom d'une tolérance intellectuelle affichée dont les limites n'apparaissent que lorsque des choix théoriques menacent d'avoir des conséquences pratiques dommageables pour le Système. On a beaucoup souri sur les prétentions de la Révolution française à créer un culte et des rites, ironisé sur les tentations de l'URSS pour créer des rites laïques, qui n'ont pas tous été des échecs complets. Et l'on voit bien, en effet, comment de telles tentatives peuvent déboucher sur des formes d'intolérance et de répression. Un consensus mou s'établit donc, dans les démocraties modernes, sur la nécessité de respecter la liberté religieuse de chacun. Cette nécessité relève de l'évidence aux yeux de tous ceux qui attachent du prix à la liberté de conscience, d'expression et d'organisation. La cause est entendue, ou plutôt elle serait entendue, si l'adhésion religieuse ne relevait que du libre arbitre individuel et de la pratique de chacun. Mais tel n'est pas le cas, et nous voyons bien, dans un pays comme la France, les difficultés intellectuelles et pratiques qui naissent de la substitution progressive et silencieuse de l'idée de tolérance à celle de laïcité comme valeur. J'en vois au moins trois.

Quand un certain nombre de personnalités politiques ont pris conscience du rôle socialement subversif que pouvaient jouer les sectes, elles se sont trouvées embarrassées pour définir la ligne de partage entre secte et religion. Il est intéressant de noter à ce propos que le gouvernement français s'est attiré des remontrances, ou, en langage diplomatique, des observations, des marques de préoccupation, de la part du gouvernement américain pour les entraves qu'il apportait au fonctionnement de l'Église de scientologie.

C'est devenu une habitude de considérer que le calendrier religieux chrétien, et plus précisément catholique, devait modeler le calendrier civil et scolaire français. On ne voit dès lors en effet pas pourquoi les juifs et les musulmans ne pourraient pas exiger que leurs propres fêtes soient chômées dans la République. Il est gênant que le personnel politique français ne semble redécouvrir les vertus de la laïcité que lorsque l'islam est en cause, à propos des pratiques d'enseignement, d'éducation physique, de tenue vestimentaire, de création d'écoles ou de calendrier.

Plus grave encore, on a pris l'habitude depuis quelques années, peut-être sous l'influence du modèle américain, de confondre culture et religion, et d'assigner chaque individu à une religion. Certes, on admet qu'il puisse ou non pratiquer, et l'on constate même, officiellement, qu'il pratique moins, peu ou pas du tout. Mais la distinction pratiquant/non-pratiquant est sémantiquement piégée. Le langage en est en partie responsable, qui contraint à parler de non-croyants ou même d'athées, comme si le point de départ logique ou historique était Dieu, la croyance et la pratique, ce dont des générations de prêtres et de missionnaires ont essayé durant des siècles, et non sans succès, de nous persuader, malgré les évidences contraires de l'histoire et de l'ethnologie. Nous voici donc embarqués aujourd'hui dans le recensement des musulmans pratiquants et non pratiquants ; notre gouvernement veut se donner un « interlocuteur », une instance représentative des musulmans de France. Dans le contexte actuel, cette démarche, qui semble courir après l'actualité (comme s'il importait avant tout de distinguer entre les « vrais » musulmans et les brebis galeuses), fait allégrement l'impasse sur tous les Français ou immigrés d'origine arabe, berbère ou autre qui ne penseraient pas se définir par une appartenance religieuse.

La religion, dans le monde actuel, est l'objet d'une étrange complicité entre les ennemis les plus acharnés : elle leur permet de ne pas parler d'autre chose. Le gouvernement américain peut exprimer son respect de l'islam et bombarder l'Irak. Saddam Hussein a pu appeler à la Guerre Sainte et massacrer les Kurdes. La géostratégie planétaire revêt des oripeaux qui ont déjà servi.

On parle de la religion, donc, mais non pas de religion. Le débat politique n'est pas un débat philosophique. Et les sommets de la confusion semblent atteints lorsqu'en France on se pose aujourd'hui la question de savoir s'il faut enseigner les religions. On voit l'ambiguïté : enseigner une religion, cela relève du prosélytisme ; la pression des familles et de l'entourage prive dans un premier temps de liberté les enfants qui vont au catéchisme. Mais les enfants grandissent ; l'école devrait en principe leur permettre de s'épanouir dans un milieu religieusement neutre ; et ceux-là mêmes qui sont élevés par l'école confessionnelle en sortiront un jour pour faire des études supérieures ou exercer un métier. L'esprit de contradiction et l'air du temps peuvent leur garantir à terme une certaine liberté de conscience – c'est bien là une différence entre secte et église : la première se veut en marge de la société, la seconde non. Mais quand on parle d'enseigner les religions, aujourd'hui, c'est bien entendu d'un enseignement historique qu'on parle, d'un enseignement qui énonce les contenus et raconte l'histoire. Comme l'histoire des sciences, il devrait retracer à la fois l'histoire des idées, des hypothèses et des théories, l'histoire « internaliste », et celles des conjonctures, des contextes et des milieux, l'histoire « externaliste ». Et c'est sans doute là que le bât blesse.

Car si la nécessité d'étudier les religions, en ce sens, est évidente, absolument nécessaire (comment même peut-on se poser la question, alors qu'on étudie la vie politique, les relations internationales, l'art, la littérature), tous ne l'entendent pas de cette oreille. J'ai le souvenir d'avoir été interrompu, lors d'un exposé que je faisais il y longtemps sur un projet d'encyclopédie des religions, par un prêtre catholique qui m'avait demandé tout de go (d'autres auraient été plus subtils) : « Comment pouvez-vous mettre toutes les religions sur le même pied ? »

Il n'est donc pas certain que les représentants attitrés des religions monothéistes considèrent d'un très bon œil l'hypothèse d'un enseignement laïc de celles-ci. J'ai lu dans la presse qu'un tel enseignement devrait « naturellement » être facultatif. Chassez le naturel, il revient au galop : ce « naturellement » est porteur des plus lourdes ambiguïtés. Les religions devraient bien entendu être enseignées (contenus, contextes et histoires) à tous et obligatoirement : elles font partie de notre histoire. Et enseignées par d'autres que leurs représentants attitrés, cela va de soi. L'Éducation nationale n'est pas en charge du catéchisme. N'excluons donc pas que le débat sur l'enseignement des religions débouche vite sur un très long silence.

Nous ne sommes pas tout à fait sortis des « grands récits », ni de ceux du passé et des origines, ni de ceux du futur (ce sont parfois les mêmes). Le silence qui s'y substitue ou qui les entoure traduit plus d'embarras que de conviction.

Une anthropologie du silence trouverait donc dans le domaine « idéologique » religieux un terrain de choix. Mais elle pourrait tout aussi bien, et complémentairement, s'intéresser au domaine politique, et plus précisément à la vie de nos démocraties politiques. L'abstention, cette autre forme de silence, est structurale aux États-Unis, mais elle progresse en Europe et, notablement, en France.

On peut s'interroger sur cette forme nouvelle de silence. Des enquêtes s'y emploient, qui demandent aux abstentionnistes pourquoi ils se sont abstenus ou à ceux qui ont voté aux extrêmes ce qu'ils ont voulu dire. Les réponses recueillies sont de trois types, qui n'ont rien pour surprendre. Un premier type de réponses met en cause le mensonge des politiques : « Ils font des promesses et ne les tiennent pas. » Un deuxième type de réponses met en cause leur inattention : « On ne nous écoute pas. » Un troisième type leur silence : « Personne ne pense à nous ; c'est comme si nous n'existions pas. » Il y a naturellement du vrai dans ces trois types de réponses, du vrai à double titre : elles dénoncent un défaut en effet perceptible chez les politiques, et elles expriment une réaction compréhensible. Néanmoins, il me semble que la raison profonde du silence en politique est à chercher ailleurs et, plus précisément, que le silence reproché aux gouvernants et le silence des gouvernés ont en partie la même cause.

Ce sont des silences induits par la mise en évidence spectaculaire du présent (pour la satisfaction des uns, le découragement des autres et la fascination de ceux qui veulent s'identifier aux uns et craignent d'être identifiés aux autres), des silences induits par l'idéologie de la consommation et le souci de la gestion. Le besoin d'un peu de futur, de desserrer l'étau de l'évidence béate, ne peut se satisfaire d'une simple finalité négative (le vote anti Le Pen, en France) ; il peut déclencher un geste d'humeur (aucun de ceux qui votent Laguiller ne croit sérieusement en ses chances) ou de défi ; « on verra bien... », semblent penser certains de ceux qui votent Le Pen : « Enfer ou ciel, qu'importe ?/ Au fond de l'Inconnu pour trouver du nouveau » (Baudelaire). Ceux qui résistent à l'humeur et au défi, parce qu'ils les jugent inutiles ou dangereux, s'abstiennent, se taisent.

Citoyen, pourquoi ? Travailleur, pourquoi ? Homme, pourquoi ? Il y a eu des époques où des réponses étaient apportées à ces questions. C'était des réponses illusoires (au sens où Freud parle d'illusion : elles étaient aussi le fruit d'un désir), en gros : Dieu, la Patrie, le Roi, le Chef. Paradoxalement, l'affaiblissement de ces réponses en Occident a été rapidement suivi par celui des discours qui tiraient pourtant leur force de s'y être opposés, par exemple au nom de l'internationalisme et du matérialisme. Dieu et ses opposants sombrent ensemble, et peut-être aussi l'État-Nation. Emmanuel Todd a plusieurs fois, et dernièrement encore[3], lié ce dépérissement global à la « désintégration des croyances collectives », affirmant que la pratique religieuse est à zéro, que le PC n'existe plus et le « vieux socialisme »

3. *Le Monde*, 28, 29 avril 2002.

non plus : « Le PC et l'Église étaient des contre-sociétés qui donnaient un sens à l'existence et sécurisaient les individus. Leur reflux a produit des effets différenciés en haut et en bas de la structure sociale. En haut, cette évolution a été comme une sympathique montée de l'individualisme, porteuse de libertés nouvelles dont un portefeuille bien garni permet de profiter ; en bas, où les portefeuilles sont moins épais, elle a créé un désarroi, dont s'est nourri le vote Le Pen. » Le propos d'Emmanuel Todd semble à première vue peu contestable, mais sans doute faudrait-il s'interroger plus avant sur la nature du « désarroi » qui porterait certains à voter Le Pen ou à s'abstenir, en France, ou à des attitudes *a priori* comparables, ailleurs en Europe.

Certes, en ces matières, des analyses locales, micro-contextuelles, sont nécessaires. On doit bien reconnaître, toutefois, que certaines constatations et certaines manières de dire sont générales et récurrentes. Le reproche le plus courant adressé aux « vieux appareils » est de « n'avoir plus rien à dire », un peu comme si le stock des recettes possibles était épuisé et comme s'il apparaissait du même coup rétrospectivement qu'elles ne valaient pas grand-chose et s'étaient révélées à l'usage pour ce qu'elles étaient : du vent. Si l'on y regarde d'un peu plus près, toutefois, on sera peut-être conduit à nuancer ce constat : je ne crois pas qu'en France, ni ailleurs en Europe, une majorité d'individus soit disposée à jeter le bébé avec l'eau du bain et à tenir pour nuls ou négligeables les « acquis sociaux » (le langage syndical fait parfois sourire, pour avoir été employé de manière un peu mécanique, mais il dénote des contenus réels) ; sans doute, d'ailleurs, en est-il de même aux États-Unis, et le clivage Républicain/Démocrate y correspond-il à des enjeux que nous avons parfois tendance, en Europe, à sous-estimer. Je ne crois pas non plus que le désarroi évoqué par Emmanuel Todd soit uniquement imputable à la disparition des croyances collectives ou à l'affaiblissement des institutions qui en étaient le garant et le symbole. Les « libertés nouvelles » sont certainement plus populaires qu'il ne le pense, et ce sont au contraire les formations totalitaires du genre Front national qui essaient de se rajeunir et de se « relooker », comme on dit, en faisant mine de leur emprunter quelques éléments de modernité. Ce qui a disparu, dans le langage politique, ce qui ne fait plus l'objet d'aucune proposition ni d'aucun commentaire, c'est la question des fins, des finalités, et c'est cette disparition, cette absence, me semble-t-il, qui est au cœur du « désarroi actuel », dans la mesure où, invités à vivre le présent, nous en éprouvons quotidiennement le caractère « aplati », oppressant, bouché. Comme la mouche ou l'oiseau qui se heurte à la vitre de la fenêtre close, nous sommes pris au piège de l'apparence et de la transparence ; nous nous épuisons dans l'énervement du sur-place.

La fin des fins

La fin des fins, les anthropologues en ont déjà été une fois au moins les témoins. J'en reviens à l'Afrique :

les prophètes des campagnes ivoiriennes, comme ceux du Congo ou d'Afrique du Sud, faisaient écho au langage finaliste de la colonisation, que celui-ci fût tenu par les administrateurs, les militaires ou les missionnaires. Ils ont pris à la lettre les bribes de promesse éparpillées dans leurs propos. Pour Harris, le premier d'entre eux, sept ans plus tard les Noirs seraient comme les Blancs. Ses successeurs, comme, Atcho ou Odjo, voyaient dans le développement d'Abidjan le signe avant-coureur de la réalisation de la promesse. Kokangba proclamait être le Christ revenu pour tirer les Noirs de leur marasme. Les prophètes font avec ce dont ils disposent, mais leur pari est le même : il faut croire à la promesse blanche. Leur adhésion n'est pas aveugle (et les représentants de l'Administration coloniale passeront leur temps à se demander ce qu'elle signifie vraiment), mais ils croient à la nécessité d'une transformation. Cette nécessité est celle-là même à laquelle adhèrent de leur côté les grands politiques africains de la première génération, et au nombre des « grands récits » dont nous déplorons ou constatons la fin aujourd'hui il faut compter ceux des chefs d'État africains qui, influencés par le marxisme, l'existentialisme et, plus généralement, la philosophie occidentale, ont tenté de théoriser leur pratique et leur histoire en y repérant une modalité des rapports entre l'universel et le particulier. La négritude de Senghor, le consciencisme de Nkrumah et le socialisme africain de Sékou Touré, au-delà des épisodes et des vicissitudes de leurs carrières politiques respectives, ont été les derniers grands récits portant la trace des XIXe et XXe siècles européen. Retour sur les ethnologues : sans doute, comme on l'a dit plus haut, ont-ils été témoins de la naissance douloureuse d'un nouveau monde. Mais si l'on revenait un instant sur le thème de la mort, qui a longtemps encombré l'horizon de l'ethnologie, il faudrait dire que la mort à laquelle ils ont assisté n'était pas celle des ethnies, des traditions et des cultures (qui n'ont jamais vécu qu'en se renouvelant), mais celle de nos illusions. Personne ne relirait plus aujourd'hui les écrits politiques de Senghor, Nkrumah ou Sékou Touré, mais il ne faut pas oublier que, parlant de l'avenir de l'Afrique, ils parlaient aussi de nous, d'une tradition intellectuelle qu'ils avaient appris à prendre au sérieux, et que leur échec est aussi le nôtre.

Dans le courant des années soixante-dix, le discours du développement s'est tu. Tous ceux qui ont vécu cette époque, où quelques sociétés d'études faisaient leurs affaires, se rappellent des débats qui ont opposé les uns et les autres. Quelle que fût leur position politique, ils se situaient tous dans la perspective du développement, les uns l'appréhendant en termes techniques et chiffrés pour repérer sur les prévisions statistiques l'instant du décollage, du « take off », de l'envol dans le ciel libéral, les autres s'essayant à des approches plus macro-sociologiques, plus sociales et plus révolutionnaires, d'autres enfin rêvant aux spécificités d'un socialisme « à l'africaine ». L'avenir était déjà bien conçu comme problématique, mais il existait.

Cette brève période d'enthousiasme brouillon a fait long feu. Aux clameurs vaniteuses de la colonisation et aux discussions fébriles de la période immédiatement post-coloniale, se sont progressivement substitués les enrouements du post-colonialisme, puis l'extinction de voix pure et simple de la mondialisation. Le système deux temps s'est imposé à la terre entière : on est dans le Système ou hors Système, *in* ou *out*. De nouveaux mots sont apparus ou se sont refait une beauté : l'humanitaire, la charité, la compassion. De nouveaux héros : Mère Teresa, Lady Di. De nouveaux acteurs : les ONG. Les ethnologues, qui avaient peu écrit sur les fins de la colonisation, sans doute parce qu'ils n'y croyaient guère, sans doute aussi parce qu'ils étaient obsédés par le thème de la défense des cultures, ont été plus diserts sur les fins esquissées par les visionnaires locaux (une partie d'entre eux sentant bien qu'elles concernaient aussi bien les colonisateurs que les colonisés). Mais ils se sont faits discrets sur le malentendu des années soixante-dix et quatre-vingt, sans doute parce qu'il était difficile à formuler en termes politiquement corrects. Certes, à l'aune des désengagements actuels, on peut mesurer l'ampleur du mensonge colonial. Mais il faut en tirer la conclusion : la décolonisation a été davantage un abandon qu'une libération.

Ce constat, dont on comprendra qu'il ne s'apparente nullement à une défense ou à un éloge de la colonisation, est au contraire d'intérêt plus général. Je signalais plus haut que le temps des prophètes en

Afrique s'achevait et que s'y substituaient, certes annoncées et précédées par quelques avant-gardes, les diverses modalités du protestantisme américain. Cette substitution est au cœur de nos réflexions, car elle est un des signes forts de la mondialisation et elle affecte une institution (le prophétisme) qui est centrale dans l'histoire de la colonisation. Il devient ainsi possible, si nous admettons que l'histoire planétaire commence aujourd'hui, de comprendre que la colonisation a été la dernière étape de la préhistoire.

La disparition du langage des fins est un phénomène de vaste ampleur par rapport auquel la disparition des finalités affichées par la colonisation fait figure d'anticipation. Il serait intéressant d'analyser comment les puissances européennes qui ont fait le choix du colonialisme, imposant aux pays colonisés une pré-mondialisation partielle (dont témoigne, entre autres, le développement des cultures d'exportation), se sont parallèlement engagées, pour ce qui les concernait, dans un processus de collaborations et de dépendances économiques et politiques chaque jour plus contraignant jusqu'au moment où ils se sont séparés de leurs appendices coloniaux devenus plus coûteux et plus lourds qu'utiles dans la compétition mondiale. Je n'ignore ni la volonté de résistance des peuples colonisés, ni la dimension passionnelle du rêve impérial, mais il est de fait qu'une partie de la droite française par exemple (le « cartierisme », du nom de son principal représentant) a assez tôt jugé la colonisation économiquement trop coûteuse. Un tel

« réalisme » se souciait peu de ce que, dans son jargon vite vieilli, la France colonialiste appelait sa « mission civilisatrice ».

Mais ce à quoi nous assistons aujourd'hui, c'est à une dislocation et à une décomposition générale du langage des fins dans la vie économique, sociale et politique du monde, notamment dans les grandes démocraties occidentales. Quels sont les différents aspects de cette montée du silence aux commencements de l'histoire planétaire ?

Tout d'abord la mise en avant de fins à court terme (comme la rentabilité ou la compétitivité), c'est-à-dire de fins dont la finalité ultime n'est pas précisée.

Ensuite, un emploi mécanique des mots : des mots anciens qui semblent perdre leur couleur à l'usage, comme « tolérance », « liberté », voire « droits de l'homme », des mots nouveaux qui se glissent en catimini dans le vocabulaire des grandes institutions internationales et de là dans le langage courant, comme l'*humanitaire* (substantif qui n'a plus grand-chose à voir avec le sens premier de l'adjectif dont il dérive) ou la *gouvernance* (dont le sens, en français, n'a rien à voir avec son ancêtre médiéval). L'affadissement des premiers autorise tous les discours et légitime toutes les positions. La fausse innocence des seconds évoque un monde où la charité tient lieu de justice et où les États se gèrent comme des entreprises.

L'idéologie du présent, de l'évidence et de la consommation s'appuie sur l'innocence apparente des mots pour suggérer que, toutes fins ayant été atteintes, le problème d'une finalité plus globale n'est pas d'actualité. Cette suggestion, toutefois, tourne court, dès lors que les petites finalités, les finalités à court terme (il faut licencier *pour* rester compétitif) renvoient à une totalité, à une globalité non discutée. L'avenir économique se décrypte à partir, entre autres, de l'indice de confiance des ménages lui-même mesuré sur leur consommation ou leurs intentions de consommation. Autrement dit, dans ce monde d'indices et de mesures, le seul devoir est le devoir de consommation. Il faut consommer pour pouvoir continuer à consommer. Les consommateurs sont en quelque sorte indices d'eux-mêmes.

Y a-t-il une autre finalité au système économique que sa propre reproduction ? Non, apparemment. Il n'est même pas certain que le développement de l'économie, aujourd'hui, nécessite l'ouverture de nouveaux marchés – ce qui, dans une logique de développement capitaliste, pourrait signifier un avenir moins rude pour des zones pauvres de la planète, comme le continent africain. En effet, le renouvellement des produits assure aujourd'hui à lui seul une large part du développement du marché : les ordinateurs, les téléphones mobiles, les produits technologiques en général vieillissent et se renouvellent à toute allure. Nous ne vivons pas dans le monde de l'abondance, mais dans celui de la casse, des excédents détruits et des modèles périmés.

Le système économique n'est qu'un aspect du Système dans son ensemble. Et c'est par là que se perçoit le fonctionnement idéologique de ce dernier.

Le libéralisme, en effet, toujours proclamé, mis en avant, n'est pas la clé unique de l'économie dans son fonctionnement réel. La demande peut être contrôlée ou infléchie de diverses manières, et les taux des matières premières n'évoluent pas dans un milieu vide et aseptisé. Les pays riches soutiennent par leurs subventions des productions qui, si le libre-échange était la vraie et seule loi, ne seraient pas concurrentielles. Le coton malien, qui serait le meilleur et le moins cher du monde si la règle du jeu était vraiment libérale, souffre des soutiens financiers que le gouvernement des États-Unis apporte à ses propres producteurs. On parle épisodiquement des famines qui menacent telle ou telle partie de l'Afrique, mais l'Afrique pourrait être exportatrice de denrées alimentaires diverses et de bétail si l'Europe ne protégeait pas ses propres producteurs. Ses capacités sont immenses et c'est délibérément qu'elles n'ont pas été mises en valeur. Ceux qui se présentent comme les maîtres du jeu et les surveillants de la bonne règle en gèrent aussi les exceptions.

Dès qu'il s'efforce de se justifier par un discours qui s'apparente peu ou prou à un programme, le Système se contredit. Le thème de la « culture d'entreprise », dont on remarquera qu'il s'est fait maintenant plus discret, après avoir été la tarte à la crème des années quatre-vingt, définissait un ambitieux projet de société : l'entreprise aurait été la médiatrice des relations entre individus et société, à partir du moment où adhérer à ses valeurs définissait du même mouvement une appartenance sociale. L'entreprise, en somme, aurait joué le rôle qui, si l'on suit Emmanuel Todd, a été, en d'autres temps, celui de l'Église ou du PC. Le discours sur la culture d'entreprise est cohérent, mais il se disloque lorsqu'il apparaît clairement que les trois acteurs de l'entreprise (les chefs d'entreprise, les employés et les actionnaires) n'ont pas les mêmes intérêts. Des licenciements sont décidés sous la pression des actionnaires. Dès qu'est mis en place un « plan social » (il faut ici admirer l'art de l'euphémisme), les actions remontent. La logique financière apparaît aujourd'hui comme la fin dernière de la production.

La connaissance, dont il serait difficile de dire qu'elle n'est pas la finalité de la science, est-elle la finalité de l'humanité ? Cette question, aujourd'hui, trouve deux types de réponses : les réponses obscurantistes et les réponses utilitaristes. Les réponses de type obscurantiste (« la science n'engendre que des malheurs », ou : « la science n'explique pas tout », ou encore : « la science n'empêche pas les injustices du monde ») sont parfois subtilement liées aux réponses de type utilitariste. Ces dernières soumettent le progrès scientifique à diverses fins (militaires, économiques, politiques, sociales) qui renvoient elles-mêmes à une finalité plus générale non exprimée ; elles s'apparentent parfois à des fantasmes (l'éternelle jeunesse, l'immortalité) qu'il ne faudrait pas confondre avec l'ambition prométhéenne des scientifiques (penser le passage de la matière à la vie, la structure de l'Univers...). Si la science et la connaissance étaient la fin de l'humanité, l'injustice et l'inégalité seraient aux yeux de cette dernière un élément de retard et de complication, une inutilité encombrante. L'utopie de la science ou de l'éducation ne peut être qu'une utopie sociale. Mais les silences qui entourent aujourd'hui la science, malgré le vacarme des médias pour célébrer certaines de ses applications, correspondent à un état de fait : la recherche scientifique se concentre en quelques points du monde et du Système ; les programmes de recherche ne dépendent pas seulement du dynamisme de leurs responsables, mais des bailleurs de fonds. Les exclus du Système seront aussi les exclus de la science.

S'il est vrai que le capitalisme a mis au point un formidable outil de production, si le marché est inondé de produits nouveaux (notamment en matière de technologie de la communication), la finalité sociale mondiale de cette création de richesses est évoquée de plus en plus paresseusement. À l'heure de la mondialisation, nous sommes incapables de répondre à des questions que nous nous empressons dès lors de juger naïves : À quoi sert la connaissance ? À quoi sert le développement économique ? À quoi sert le Pouvoir ? Ce silence laisse toute leur place à des réponses sauvages. Tout heureux d'avoir substitué un indice (le taux de croissance) à un concept (le progrès), les représentants du Système s'irritent aujourd'hui, ou s'inquiètent, de toutes les manifestations et de toutes les protestations qui s'efforcent, envers et contre tout, de rompre le silence.

Ce silence, c'est aussi celui du grand récit libéral devant l'évidence de ses échecs. Le FMI en vient à adopter une attitude qui est celle-là même qu'on reprochait aux pays communistes lorsqu'ils en appelaient au sacrifice d'une génération. Quant aux sociaux-démocrates, qui s'efforcent d'humaniser la loi du marché, ils ne parviennent plus à poser comme priorité absolue la transformation de la société et la finalité sociale. La société se transforme malgré eux. L'érosion du service public en est un aspect, dont il faut bien admettre qu'en Europe il est aujourd'hui piloté par Bruxelles, alors qu'on ne nous a jamais demandé de voter pour une telle transformation. La justification de celle-ci est d'ailleurs moins la compétitivité (certaines entreprises publiques marchent bien) que le libre jeu de la concurrence dont on se débarrasse si allégrement dans d'autres circonstances. Les incertitudes des projets européens (l'Europe sera-t-elle une simple zone de libre échange ? Une Fédération politique ? Le lieu d'une expérience sociale et politique originale ? L'Europe pour quoi faire ?) ne font que reproduire des incertitudes plus générales : le silence sur l'Europe, malgré les bruits parasitaires, reproduit un silence plus profond et plus général.

Pourquoi l'anthropologie ?

Cette montée du silence, la fin des questions entraînant celle des réponses et inversement, c'est très exactement la réplique de celle que les ethnologues ont eu l'occasion de repérer dans les années soixante-dix, quand les rodomontades du colonialisme se sont tues pour laisser place au silence embarrassé que devaient bientôt suivre les appels à la compassion. Ce sont les mêmes troubles sémantiques, les mêmes enrouements. Ils engendrent les mêmes affirmations contradictoires et simultanées (« Tout va bien, tout va mal »), les mêmes métaphores médicales ou diététiques (la bonne santé des entreprises exige qu'on les « remuscle », voire qu'on les « dégraisse » ; les situations doivent être « assainies »...) et, pour finir, le même silence. Ce qui se passe sous nos yeux s'apparente à ce que nous avons vu naguère, à la recomposition des équilibres mondiaux qui a commencé par transformer en assistés les anciens colonisés : il n'est donc pas indifférent d'y consacrer toute notre attention. Quels peuvent être, dans ce contexte, les nouveaux terrains d'observation ?

Tout d'abord les terrains traditionnels, parce qu'ils changent justement, et qu'il y a trente ou quarante ans ils étaient déjà en train de changer ; nous sommes à même, aujourd'hui, d'éclairer les uns par les autres ces changements accomplis et ces changements en cours. Mais aussi tous ceux où s'exprime, à petite échelle, quelque chose du nouveau scénario : zones urbaines diverses, entreprises, camps de réfugiés, groupes d'immigrés, milieux associatifs, ONG..., tous « terrains » qu'il est impossible d'appréhender sans les situer dans leurs différents contextes de références. Les nouveaux langages, enfin, parce qu'ils sont à la fois de puissants révélateurs et une source intarissable de malentendus.

Prenons l'exemple des langages sécuritaires. Il est d'abord bien clair que la sécurité (comme son antonyme : l'insécurité) est une notion polysémique qui s'applique à des phénomènes d'ampleurs fort diverses. David Lepoutre, dans *Cœur de banlieue*[4], a bien montré que la majorité des enfants ou des jeunes adolescents qui s'organisaient en « bandes » à l'intérieur de la cité des Quatre Mille à La Courneuve se préoccupaient avant tout de leur place dans la vie active dès qu'ils atteignaient l'âge de dix-sept ou dix-huit ans. La minorité qui cède aux attraits de la délinquance n'a pas réussi à prendre le virage de la vie adulte qui, vue des cités, est rien moins qu'évidente. On peut imaginer que la « sécurité » (le sentiment de vivre en fonction de certains repères) passe, quand les perspectives de la vie adulte sont incertaines, par le maintien dans l'enfance, la bande, le territoire balisé d'un héroïsme de pacotille.

La sécurité des uns n'est pas celle des autres. On peut comprendre, sans céder à l'angélisme, que nul présumé casseur, s'il était interrogé, ne se déclarerait partisan de l'insécurité. Sans doute, avec plus ou moins de bonne ou de mauvaise foi, les voisins, la police, les profs, la municipalité seraient-ils eux-mêmes mis en cause par ceux qu'ils accusent ou soupçonnent, mais nul accusé, nul soupçonné ne revendiquerait un statut de représentant de l'insécurité. Dans les villages traditionnels, on ne trouve

4. Paris, Odile Jacob, 1997.

jamais de sorciers, seulement des contre-sorciers. Les casseurs d'aujourd'hui, en outre, sont peut-être aussi conservateurs que les truands d'hier. Je pense aux films policiers français des années soixante où les truands sont toujours représentés comme des gens qui ne rêvent que de prendre une retraite de petits-bourgeois. Affirmer que la répression n'a de sens que si elle s'accompagne de prévention ne suffit pas : il ne suffit pas d'occuper les jeunes gens ; ils veulent vivre dans un monde qui leur permette de grandir. L'utopie planétaire que j'osais évoquer plus haut est une utopie de l'éducation, du plein-emploi et de la sécurité pour tous ; c'est une utopie nécessaire et la seule qui vaille, avec celle de la science, si l'on admet que la vie individuelle des humains n'a pas d'autre finalité que l'affirmation de soi par la relation aux autres.

Sur ce point encore, les leçons de l'Afrique ou d'ailleurs, de l'Amérique latine par exemple, sont utiles à méditer. J'en reviens un instant aux prophètes de Côte-d'Ivoire. Ceux qui réussissaient à acquérir une certaine audience attiraient des individus meurtris par les duretés de la vie villageoise ou par leur échec en ville. Le village du prophète, c'était une sorte de « bulle sécuritaire ». Bon nombre de villages jadis situés à quelque distance d'Abidjan, notamment chez les Ébrié, ont été depuis engloutis par la ville, sont devenus des quartiers urbains périphériques. Dans ce grand ensemble urbain, des bandes de jeunes gens s'organisent, marginaux plus ou moins délinquants qui, dans les périodes d'agitation politique, peuvent d'ailleurs se mettre au service de tel ou tel patron, sinon de telle ou telle cause. Ils sont considérés par beaucoup, et non sans raisons, comme un facteur d'insécurité, mais eux aussi cherchent une forme de sécurité qui ne pourrait naître à long terme que d'une initiative politique et à plus court terme du « marché religieux » post-prophétique dominé par les mouvements protestants.

Au Venezuela, c'est dans les séances de possession liées au culte de Maria Lionza que s'expriment les *malandros*, les jeunes gens des faubourgs urbains abattus par la police parce qu'ils vivaient de la drogue et du vol : leurs « esprits » reviennent posséder les corps des vivants pour les décourager de céder à l'attrait de ces formes de transgression. Mais le plus significatif est sans doute la ferveur populaire dont leur culte est l'objet et l'occasion, comme si, au-delà de leur message explicite, ils dénonçaient une situation de violence généralisée dont ceux-là mêmes qui leur prêtent un corps et une voix et tous ceux qui les écoutent risquent d'être, comme ils l'ont été eux-mêmes, les principales victimes. La longue plainte qui s'élève de ces réunions improvisées ou inscrites dans un calendrier régulier est, par son ambivalence, plus humaine et plus convaincante que tous les messages politiques bien pensants (et parfois électoralement payants) selon lesquels les pauvres ou les gens « d'en bas » sont les premières victimes de l'insécurité. Sur un continent comme l'Amérique latine, un pareil truisme serait presque imprononçable : chacun sait que l'insécurité urbaine n'est pas majoritairement l'insécurité des nantis. Mais le message des possédés de Maria Lionza ou de la Santeria est plus subtil : il dit la vérité du bon sens quotidien et de la morale ordinaire (ne consommez pas de drogue, résistez à la tentation de la violence) et il la fait dire par la voix supposée d'un de ceux qui sont morts pour ne pas l'avoir entendue, mais il dit aussi la solidarité des pauvres, il dit que les *malandros* abattus sont des victimes plus que des coupables, des victimes d'une situation dont les vrais responsables sont impunis ; il réconcilie un instant tous ceux qui, agressés ou agresseurs d'occasion, sont ensemble soumis à une plus grande violence.

À Belem, au Brésil, des femmes des quartiers pauvres se retrouvent chaque semaine dans des sortes de « surprises-parties », au cours desquelles certaines d'entre elles sont possédées, chevauchées, par l'un des « cabocles », l'une des « entités » du culte de l'*Umbanda* qui, depuis leur initiation, leur servent de compagnons imaginaires. Cette petite fête régulière, ce compagnonnage auquel la complicité des autres et une symbolique fortement structurée contribuent à donner une forme de réalité sont incontestablement des havres sécuritaires qui les aident à vivre et à supporter leurs énormes difficultés matérielles et morales.

D'un autre point de vue, du point de vue des gens en place, l'insécurité, le foyer de l'insécurité se trouve là : dans les cités de la périphérie parisienne, les faubourgs d'Abidjan, les *barrios* populaires de Caracas, les quartiers pauvres de Belem ou d'autres du même tabac. Mais qu'on s'y transporte : on verra que la sécurité, la paix, la tranquillité y sont aussi l'obsession dominante et que, obscurément, indirectement ou, au contraire, dans la violence de l'invective, le sentiment s'y fait parfois jour que ceux qui en parlent le plus fort, de l'autre côté de la société, en sont les premiers fossoyeurs. Ce malentendu a plus d'une cause : ni la rhétorique des bonnes paroles, ni celle du maintien de l'ordre ne peuvent suffire à le dissiper; il n'est d'ailleurs pas une illusion, un mirage; il correspond à une situation de fait, à des affrontements réels, à des individualités existantes. Il est le produit d'une longue histoire et seule une autre histoire peut prétendre à terme s'attaquer à ses causes pour en saper les fondements.

L'anthropologie de demain sera une anthropologie de l'économie et une anthropologie des sciences. Une anthropologie de l'économie, parce que c'est dans ce domaine que se laissent débusquer plus aisément les mensonges, les silences et, au bout du compte, l'absurdité et les contradictions du Système, les faux savoirs des experts et le manque d'imagination des politiques, que se laisse percevoir, au bout du compte, la dérive d'une humanité apparemment privée de ses fins. Une anthropologie des sciences parce que c'est dans ce domaine, à l'inverse, que se laisse pressentir, au-delà de leurs retombées techniques, au-delà des pressions conjoncturelles qui en commandent les politiques, au-delà des rapports de force qui les cantonnent et les concentrent dans quelques hauts lieux de la planète, un enjeu sans précédent : les découvertes en cours concernent de trop près l'espèce humaine, son devenir et son avenir, elles sont trop susceptibles de bouleverser l'idée que les hommes peuvent se faire d'eux-mêmes et de l'univers pour pouvoir être impunément confisquées par une élite.

Mauss, dans l'*Essai sur le don*, dont une large partie est consacrée à des réflexions sur les problèmes de la France de son époque, en appelait à l'exemple du potlatch amérindien pour inviter les Français les plus riches à la générosité, à accepter une redistribution des richesses. Bataille déplorait que le potlatch fût soumis à des enjeux de prestige et de pouvoir. Il y voyait la perversion du geste gratuit qui, niant l'ordre des choses, parvient parfois, dans le sacrifice ou la fête, à rejoindre la continuité de l'intimité. Bataille est un penseur nocturne. L'intimité, pour lui, c'est l'appréhension de l'animalité dans l'homme. Quand il écrit qu'« il ne peut pas y avoir de pensée de l'individu », il ne pense pas à la nécessaire relation à l'autre, mais plutôt à l'impossibilité d'une conscience de la conscience. La conscience claire ne retrouve l'intimité que dans la nuit et le silence.

On peut préférer à la solitude altière de Bataille, telle qu'elle s'exprime dans sa *Théorie de la Religion*, le volontarisme de Freud, penseur diurne par excellence, qui aspire à dire l'ineffable et à éclairer la nuit. Le Freud de *L'Avenir d'une illusion* sait bien que la science, à l'inverse de l'illusion religieuse, n'a pas pour but de consoler les hommes. Il sait aussi la force de l'illusion, fruit du désir, et les limites de l'intellect

« sans force par rapport aux instincts des hommes ». Mais il croit à la connaissance : notre appareil psychique, constate-t-il, s'est développé en essayant d'explorer le monde extérieur et donc en s'y adaptant ; il est un élément et un produit de ce monde, ce qui légitime sa prétention à l'étudier.

La nécessaire relation aux autres, l'impossible conscience de soi, la légitime aspiration à connaître le monde : c'est entre les trois sommets de ce triangle que s'est jouée l'histoire des hommes et qu'elle se jouera demain encore à un rythme sans cesse accéléré. La société, l'individu, la connaissance sont trois finalités qui définissent la condition humaine. Mais ce sont des finalités dont le caractère asymptotique nous est plus sensible à mesure que nous pensons en approcher. Toutes nos pratiques, toutes nos sciences, toutes nos consciences sont historiques. Et, loin de dissiper l'histoire, ses affrontements et ses violences, la mondialisation actuelle en décuple les effets. Parce qu'il nous donne une image fallacieuse de l'universel, le global semble avoir tué les fins en faisant mine de les réaliser. Nous n'avons pourtant jamais été aussi près de pouvoir effectivement les percevoir pour ce qu'elles sont : des invitations à la fraternité, à la pensée et au savoir.

Je serai toujours reconnaissant aux villageois des lagunes en Côte-d'Ivoire de m'avoir fourni, à travers leurs débats, les éléments d'une réflexion dont ni le fil du temps ni les mutations de l'espace n'ont véritablement changé la nature.

Table

Histoire de la pensée

Une collection d'essais chez fayard

Aliette Armel
Michel Leiris
1997

Marc Augé
Fictions fin de siècle
suivi de
Que se passe-t-il ?
2000

Antoine de Baecque
La Cinéphilie. Invention d'un regard, histoire d'une culture 1944-1968
2003

Christian Delacampagne et Robert Maggiori (dir.)
Philosopher 1
1980, rééd. 2000

Christian Delacampagne et Robert Maggiori (dir.)
Philosopher 2
2000

Marc Bloch et Lucien Febvre
Correspondance, I. La naissance des Annales
Édition établie, présentée et annotée par Bertrand Müller
1994

Georges Devereux
Psychothérapie d'un Indien des plaines
Préface d'Élisabeth Roudinesco
1998

Henri F. Ellenberger
Médecine de l'âme. Essais d'histoire de la folie et des guérisons psychiques
Textes réunis et présentés par Élisabeth Roudinesco
1995

Henri F. Ellenberger
Histoire de la découverte de l'inconscient
Présentation par Élisabeth Roudinesco,
complément bibliographique par Olivier Husson
1994

Didier Eribon
Michel Foucault et ses contemporains
1994

Didier Eribon
Réflexions sur la question gay
1999

Didier Eribon
Une morale du minoritaire. Variation sur un thème de Jean Genet
2001

Lucien Febvre
Lettres à Henri Berr
présentées et annotées par Jacqueline Pluet et Gilles Candar
1997

Élisabeth de Fontenay
Le silence des bêtes. La philosophie à l'épreuve de l'animalité
1998

Marcel Fournier
Marcel Mauss
1994

Guy Hocquenghem
Le désir homosexuel
Préface de René Schérer
2000

Vincent Kaufmann
Guy Debord. La révolution au service de la poésie
2001

Serge Leclaire
Principes d'une psychothérapie des psychoses
Préface et annotation par Élisabeth Roudinesco
1999

Serge Leclaire
Œdipe à Vincennes. Séminaire 69
1999

Michel Leiris
Roussel & Co
Édition établie par Jean Jamin,
présentée et annotée par Annie Le Brun
1998

R. Anthony Lodge
Le français. Histoire d'un dialecte devenu langue
1997

Marcel Mauss
Écrits politiques
Textes réunis et présentés par Marcel Fournier
1997

Simone Pétrement
La vie de Simone Weil
1997

Élisabeth Roudinesco
Jacques Lacan. Esquisse d'une vie,
histoire d'un système de pensée
1993

Élisabeth Roudinesco
Généalogies
1994

Élisabeth Roudinesco
Histoire de la psychanalyse en France
2 vol.
1994

Élisabeth Roudinesco
Pourquoi la psychanalyse ?
1999

Élisabeth Roudinesco et Michel Plon
Dictionnaire de la psychanalyse (1997),
nouvelle édition augmentée
2000

POUR QUOI VIVONS-NOUS ?

Élisabeth Roudinesco et Jacques Derrida
De quoi demain… Dialogue
2001

Moustapha Safouan
Lacaniana. Les séminaires de Jacques Lacan (1953-1963)
2001

Moustapha Safouan
Dix conférences de psychanalyse
2001

Gisèle Sapiro
La guerre des écrivains. 1940-1953
1999

Carl E. Schorske
De Vienne et d'ailleurs. Figures culturelles de la modernité
2000

Frank J. Sulloway
Freud, biologiste de l'esprit
Avant-propos d'André Bourguignon, préface de Michel Plon
1998

Emmanuel Terray
Clausewitz
1999

Cet ouvrage a été réalisé en Garamond par Palimpseste à Paris.

35-26-1852-9/01
ISBN : 2 213 61652 3
Dépôt légal : septembre 2003
nº d'édition : 36765
Imprimé en Espagne